大野狼

繪本誌

Les méchants loups

大野狼 繪本誌

Les méchants loups

隊長的話

黃郁欽 「圖畫書俱樂部」隊長

二〇一五年八月，《大野狼。繪本誌》創刊，出版後獲得了極大的回響，讓我們體會到：只要用心，就算是經費和資源有限，仍可以有精采的成果。也是這樣的鼓勵，讓我們歷經眾多波折後，依舊堅持要繼續企畫創作《大野狼》；一年無法完成，那就兩年，終於一步一步實現我們的夢想。在此也要向一直支持我們的朋友說一聲：「久等了！」

繼創刊號特輯「大人的繪本生活」後，這期談的是「森林繪本」。「森林」在繪本裡是一個重要的議題，更是一個重要的場景。童書專家張淑瓊寫了篇精闢的解說，讓我們看到森林在童話和繪本中，隨著不同年代，有不同的內在意涵。

書籍介紹是不可或缺的內容，但如何在書海中選出最精采的繪本，又要顧及廣度及深度，確實是相當大的難題。和創刊號一樣，這次同樣得到許多人和各家出版社大力慷慨的協助。不管是書訊的相通，或是繪本的提供，讓整篇森林繪本的介紹相當豐富而多元，相信可以為繪本同好帶來驚喜。

為了這個主題，這次編輯群、設計和攝影師，真的走入森林拍攝，雖然有點心疼珍愛的繪本會沾染到野地裡的土泥和濕氣，但看到拍攝出來的成果，森林繪本和森林裡的綠意、風貌相輝映，那些擔心和疲累都已不再重要。這次也很高興訪問到長期描繪自然生態的台灣作家劉伯樂和陳維霖老師，以及三位法國重要的立體繪本作者，訪談和圖片都非常精采。

近幾年波隆那插畫展，台灣創作者的入圍人數創新高，因此也掀起另一股熱潮。這一次我們特別編輯了別冊，收錄入圍插畫家現場第一手圖文心得，也整理了歷年來入選插畫展的台灣作者名單，在此特別感謝提供圖的插畫家和出版社們。我們也整理了寄件辦法，希望有志的創作者可以多多投件，有機會一圓夢想。

有鑑於創刊號想放進的內容太多，最後有篇幅不夠之苦，因此這次大夥一直努力節制。但在漫長的編輯討論過程中，仍不免貪心地想要放進更多繪本相關內容以饗讀者。最後，編輯和出版社決定這一期加大版面也增加頁數，希望在繪本的森林裡和大家相遇（大野狼會把你吃掉喔呵呵）。

繪本作家的流浪畫桌生活
鄭淑芬
貼滿圖片的衣櫃
資料
棉被山
睡覺時才想起來這是床鋪
電腦繪圖時的抽屜桌
只能畫小圖的畫桌
草圖山
坐一下就腰酸的椅子
一直想溜進我房間的小強
飯桌兼畫桌
沒啥作用的耳塞
坐了骨頭會唉唉叫但一直坐不壞的強壯椅子
比較大的圖在飯桌畫

白天当做描图桌的玻璃門
演不完的甘味人生
也快要演不完的美詮加油
n個不停的探角節目
一播再播的新聞台
很忙的老媽
很忙的遙控器
晒更大的图在客廳地板，白天限定。
肩頸按摩器。
腳底按摩器。ㄎㄡ ㄎㄡ ㄎㄡ
很濕的图放在地上晾乾
稍微乾的圖用衣架吊起來繼續晾乾

繪本作家的亂七八糟工作桌
吉村竹彥
夏天非常熱 冬天非常冷……
雜誌山
大部分是吉他雜誌
隨便抽出一本看 時間不知不覺就過了
色鉛筆、筆 美工刀、剪刀等
iPod speaker
的時候買的 (今年47歲)
時鐘
嗯嗯…
畫具
常用的鉛筆、簽字筆 原子筆
開始畫圖後 畫具就散亂得到處都是
拉圾桶
因為很喜歡外型而買的椅子，但是背頂著腰有時會很痛……
蓋子上面也放了調色板、雜誌等雜物
因為上面放了雜誌 要很小心拿
危險!!
糟

ELECTRIC
Gibson Les Paul
蓋子壞掉了 如果不壓著一
就沒辦法 放音樂
聽的時候不知不覺
變成這個樣子
AMPLIFIER
VOX and ORANGE
亂
想故事的時候 不會放音樂
畫圖時則有時會放音樂
CD player
進行到一半的一疊紙
常聽的CD
思考繪本故事的時候
會寫在廣告傳單的白處
背面空
繪本完成後 就丟了
在二手店買的桌子 那時候覺得很大
真不錯啊 但曾幾何時……
ACOUSTIC
Morris
花時間讀的書
東西亂放以至於
沒有平的位置
開始要畫繪本的圖時
就會變得很辛苦
因為實在太亂了
縫隙
也會把板子放在上面
房間約1.5坪大
剛搬來的時候是當做倉庫用
所以也沒電燈
CLASS

大野狼繪本精選

顏銘新、陶樂蒂　攝影—張震洲

《大野狼。繪本誌》創刊號介紹了許多精采經典的野狼相關繪本，但大野狼的故事豈是一、二期就能介紹完畢？因此未來每一期我們都會精挑最新出版、最新發掘的野狼相關繪本，介紹給讀者，願狼群生生不息。嗷嗚！

1《The Wolves of Currumpaw》狼王羅伯

William Grill／Flying Eye Books／2016

《狼王羅伯》的故事在世界各地傳頌一百多年，自1898年世界童軍和動保先驅歐尼斯特．湯普森．西頓（Ernest Thompson Seton）因狼王而領悟到生命可貴、進而撰寫此作起，這個故事被多次改寫成各種版本的小說和繪本，另外還有迪士尼1962年的電影和日本著名動畫大師黑田昌郎1970年擔綱發行的電視動畫等。

英國凱特．格林威大獎得主威廉．葛里爾親訪故事發生的美國墨西哥洲野狼保護區，參加保育員日常工作來交換貼身觀察野狼的機會，每天凌晨在五十匹狼嚎聲中清醒，他用虔敬的心來緬懷這片曠野上百多年前的兩個高貴的靈魂。

本書用兩幅美國地圖小畫拉開史詩序幕，政經名流看到旌旗自東向西揮舞前行，環保之士看到土地淌血。如此小畫百餘幅用來作為場景轉換、情緒鋪陳和補充背景知識；每相隔若干頁的跨頁大圖捉住讀者思緒，停頓、反芻和堆疊情感。媒材採用最簡單的色鉛筆，全書幾乎只有黑紅黃三個暖色，用看似最不需技巧的畫法來詮釋美洲西部的遼闊和人與狼兩名主角的秉性專一。文字和圖畫巧妙交織，圖文任一張，單看都賞心悅目，但互相呼應補充，震盪共鳴出無比綜效。

1990年生的葛里爾，除了實地采風和考察，仔細地攝影和素描山川星辰，更孜孜研讀許多史料和動物書籍。這本厚達八十八頁的繪本，也可以當成是小說、知識書，或歷史書來看，除了手繪名詞解釋，也精挑出關聯的書籍、網站和博物館。封面和扉頁仿編織圖樣則是他對印地安原住民的致敬。本書甫獲得2017年義大利波隆那書展拉加茲獎非文學類繪本大獎的肯定。葛里爾的首部繪本《極地重生：薛克頓的南極遠征》（小天下）即獲格林威大獎和眾多媒體選書肯定，也非常值得一讀。（顏）

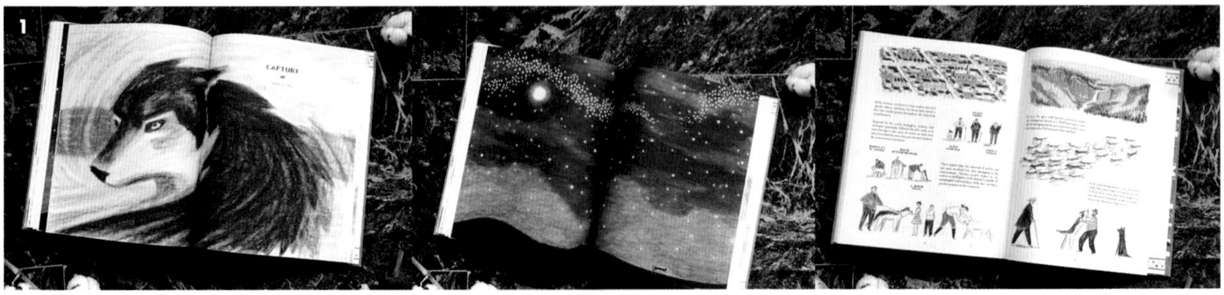

（攝影／Piecefive）

4《Pierre et le l'ours》彼得與熊

Olivier Douzou（文）、Frédérique Bertrand（圖）／éditions MeMo／2007

《彼得與狼》？是的！這是改編自普羅高菲夫音樂劇《彼得與狼》的故事，本書裡，一樣有彼得、爺爺、鴨子、鳥、躲在一旁的大野狼和獵人；大野狼還是吃掉了鴨子，皮耶也用計逮住了大野狼，要把大野狼送進動物園；但是，沒想到「熊」來了……本書插圖非常吸引人，插畫家貝特杭用幾何圖形的大色塊來形塑場景，簡單的紅線代表後院籬笆，畫面一角的深色塊暗示著未知的危險，最有趣的是許多聲音被圖像化：當石匠的爺爺罵人時，嘴巴跑出磚塊，鴨子與鳥吵架聲交雜成文字……她的中譯繪本有：《飢餓犰狳之國》（台灣麥克）、《給我一件新衣服》（格林）和《像星星一樣的孩子》（聯經）等。（陶）

2《À l'intérieur des méchants》壞蛋的裡面是什麼

Clotilde Perrin／Seuil Jeunesse／2016

經典童話裡有一堆壞蛋，大野狼、食人妖和黑巫婆三個更是壞蛋中的壞蛋。本書作者克洛蒂德．貝涵帶大家一起掀開他們的底細，看看他們的肚子裡、衣服裡、帽子下、腦袋中……到底藏著哪些祕密和壞東西。貝涵畢業於法國史特拉斯堡裝飾藝術學院，成長於孚日森林的她，從山上蒼鬱的松樹和故事裡得到許多創作靈感，因而創作了許多以森林為背景的大野狼繪本。這是一本讓人玩心大發的有趣立體書，書的設計製作十分精緻，並獲得2017法國圖書之夜「最美麗的立體書」獎。（陶）

5《Le petit chaperon rouge》小紅帽

Joanna Concejo（圖）／Éditions Notari／2015

精緻的鉛筆線，一筆一筆勾勒出懷舊又迷人的精緻圖畫，插畫家喬安娜．康瑟荷的圖畫風格細膩又女性化，筆尖走過紙張，猶如繁花朵朵綻放。康瑟荷畢業於波蘭波茲南藝術學院，在歐洲及韓國皆出版不少繪本，曾入選義大利波隆那插畫展與葡萄牙Ilustrarte插畫雙年展，目前定居巴黎。她的出生地波蘭斯武普斯克（Slupsk）是一個充滿河流和湖泊的森林地區，正是書中所描繪的小紅帽場景；另一個激發她靈感的物件是從小奶奶傳授她的卡蘇比地區（Kaszuby）民間刺繡，那條鮮明的紅色繡線，穿過森林、穿過狼和小女孩遊戲的手指，穿過故事、躍上紙面。本書另一特殊處是同時收錄了貝洛與格林兩個不同的〈小紅帽〉版本。（陶）

3《小狼不哭》

琪歐．麥可莉兒（文）、伊莎貝爾．阿瑟諾（圖）／字畝文化／2017（圖為英版）

本書的創作靈感源自作家維吉尼亞．吳爾芙和姊妹凡妮莎．貝爾間深刻的姊妹之情，原書名《Virginia Wolf》有雙重意涵，故事裡的「狼」是疾病的化身，隱喻了吳爾芙的憂鬱症，同時也與她的姓氏諧音。加拿大籍插畫家阿瑟諾，近年愈來愈受世界各地讀者喜愛，她的畫帶著優雅與神祕的維多莉亞時代風格，賦予本書新靈魂。阿瑟諾在書中運用了鉛筆和墨水，繽紛色彩則來自於不透明水彩與拼貼，她用顏色傳達高低起伏的種種情緒，用剪影表達憂鬱與悲傷，將哀傷和不愉快的表情隱藏起來。故事中姊妹情感的羈絆，帶給她靈感，也讓她深受感動，本書獲2012年加拿大總督獎，中文版甫發行，不可錯過。（陶）

德國

國際青少年圖書館

在德國閱讀全世界

文、攝影──黃惠玲

國際青少年圖書館內麥克·安迪的紀念展區。

國際青少年圖書館

Internationale Jugendbibliothek
(International Youth Library)

創辦人傑拉·萊普曼(Jella Lepman)是二次世界大戰時逃離德國的猶太人。她是兒童作家也是記者，美軍在德國期間聘她擔任教育與文化顧問。經過戰爭的傷痛，萊普曼想讓青少年透過閱讀書本接觸多元文化以及開展國際視野，更希望透過不同文化間的相互了解，消弭因為種族及文化差異所衍生的爭端與仇恨，促進世界和平。秉持這樣的信念，國際青少年兒童圖書館有很深的使命感，從館內的藏書、展覽及閱讀推廣活動，在現任館長軋博(Dr. Raabe)的帶領下，一步步實踐這樣的使命。

圖書室內的說故事活動，架上用國旗標示出各國藏書。

圖書館入口處。

我在澳洲做博士後研究的時候，因教授的推薦得知德國慕尼黑的「國際青少年圖書館」，後於二〇一二年幸運得到獎學金赴該館做了兩個月的研究，感受深刻，該館成立的緣由值得一書，但本文想深入介紹的是這裡身為一個「國際圖書館」的內涵、精神以及相關活動。

多元化的藏書

國際視野首重認同文化的多元發展，而圖書館的藏書就要反應這種多元性。青少年圖書館裡，不管是閱覽室或是參考研究室，都收藏來自各國的兒童書籍以及研究文獻。從非洲到蘇聯，只要他們可以蒐集到的童書，館內都會典藏。當中最大宗就是日本的圖書，他們有來自日本的館員，也和日本圖書館保持非常密切的關係。

這些來自世界各地的外文書，雖然德國小讀者不一定看得懂，能看懂的當地大人也有限，但是這具備重大的象徵意義：當國際友人來到這個圖書館，看到自己國家的書被妥善地陳列在這裡，很教人感動。當地的小讀者們看見這許多不同語言、不同文化的故事，就算內容不見得完全了解，但這些書靜靜地擺在那裡，也等於告訴他們世界上還有其他不一樣的語言和文化，這是一種去自我中心的潛移默化。當然館方也會安排說書活動，介紹故事給當地的兒童聽。

贊助國際交流、累積文化能量

圖書館另一個展現國際視野之處，是該館在過去五十年來和德國外交部合作，每年補助約十五位世界各地的學者來此訪問，利用圖書館豐富的館藏完成自己的研究。二〇一二年和我同時造訪的有來自日本、美國、澳洲、土耳其、伊朗、賽普勒斯、墨西哥、波蘭和義大利的學者。這些學者間充分交流和分享知識，將自己的文化知識帶進德國，也把在該圖書館所受到的文化刺激帶回國內，為兩地都帶來很大的文化能量。

圖書館的成員裡，有好幾位語言專家，他們擁有第二、第三外語的專長，加上兒童文學或教育的背景，可以很快為圖書館蒐集來自不同國家的圖書，也可以辦理國際交流活動。每年這

兩年舉辦一次的「白鴉節」，在庭院搭起大帳棚，有作者親自說故事，也有精采的音樂表演。

些語言專家會挑選各國童書作品，出版成一冊《白鴉》（The White Ravens）專書，挑選的重點是世界上值得注意的創作，有的是表現手法創新，或是討論的普世議題值得關注。圖書館每兩年夏天還會舉辦一次「白鴉節」（White Raven Festival），期間邀請國際作家和插畫家來圖書館及當地學校分享創作，也有說故事和其他表演活動。這是一場國際的閱讀饗宴，讓當地讀者民眾可以和世界各地的作家、插畫家面對面。

德國青少年圖書館以增進跨文化交流和相互理解為使命，以典藏圖書的多元、館員的多語及專業素養，以及活動內容的文化廣度，清楚彰顯出一個國際圖書館應有的格局，讓讀者可以在這裡閱讀全世界。

國際青少年圖書館
Internationale Jugendbibliothek
URL：ijb.de
FB：facebook.com/IntBib
ADD：Schloß Blutenburg, 81247 München, Germany
Opening Hours：展館和圖書館開放時間各不同，請事先上官網查詢。

永久展覽區 1

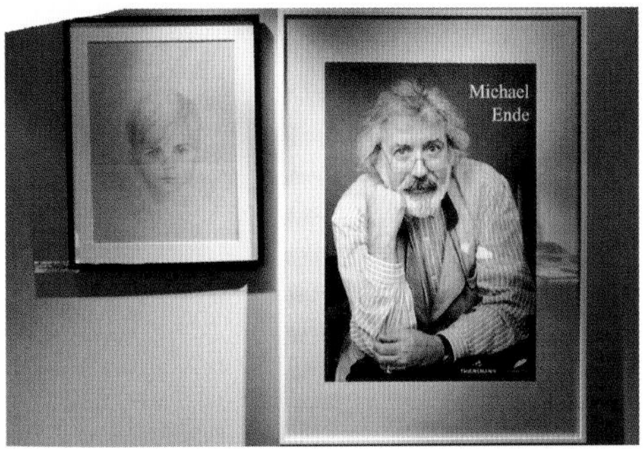

麥克·安迪的原畫。

麥克·安迪(Michael Ende)

圖書館內規畫了四個展覽區，其中兩個是一般展覽區，會替換展出世界各地作家和插畫家的作品。另外兩個則是永久展覽區，也是圖書館的特色典藏。第一個是德國兒童文學大師麥克·安迪的展覽館，這裡也是德國第一座針對特定兒童文學作家所建置的博物館。

麥克·安迪對德國及歐洲兒童文學影響深遠，他的故事結合虛幻與寫實來闡述人生哲理。台灣讀者比較熟悉的中譯本有曾拍成電影的經典《說不完的故事》以及《默默》(遊牧族)、《滿月傳奇》(格林)等。展館中收藏這些各國語言的翻譯版本，還有麥克·安迪本身的私人收藏以及他用過的物品。

麥克·安迪所創造的奇幻世界，不像《魔戒》或《哈利波特》般著重在正義與邪惡之爭，或是貪婪與權力之鬥。他擅用隱喻，故事風格較類似《小王子》或《愛麗絲夢遊

(格林文化)

奇境》。他還喜歡挑戰物質主義下的社會現象，如《默默》一書裡，人們用最珍貴的時間去換得物質的享受，而在《說不完的故事》裡，他點出缺乏想像與奇幻的現代世界正邁向「Nothing」(空無)的危機。

他更喜歡挑戰讀者理性的閱讀習慣，《Mirror in the Mirror》(鏡子裡的鏡子)中有三十個短篇故事，每一篇主角都不同，但又彷彿可以串在一起。安迪的父親艾得嘉·安迪(Edgar Ende)是超現實派的畫家，有人說安迪的創作內容應該是受他父親的影響，在展覽館裡也可以看到他父親的作品。

永久展覽區 2

比奈特·施洛德(Binette Schroeder)

館內另一個永久展覽是繪本作家比奈特·施洛德的閣樓。施洛德對台灣讀者來說可能比較陌生，其實麥克·安迪的《滿月傳奇》(格林)插畫就出自她之手。她的插畫風格如夢境般唯美與詭異，有些空靈但又有些俗世的掙扎與陰暗。施洛德曾兩度獲得瑞典林格倫文學獎(Astrid Lindgren Memorial Award)的提名，雖未獲獎，但也是莫大的殊榮。

施洛德的展覽室就在圖書館參考室上方閣樓，收藏其畫作以及她收藏的書與物品。比較特別的是木櫃小劇場，是以迷你劇場的概念呈現她的故事。打開櫃子，就自動演一段故事給你看。這是施洛德自己的想法，也花了一些心思才完成，在圖書館官網可以看到相關介紹影片。

我在圖書館的時候，很幸運地遇到一次施洛德親自導覽。那天她穿著一身春天的綠，鞋子一隻是綠色，另一隻是藍色，自在開心地跟我們聊天，那種雀躍的表情就像個小女孩。施洛德告訴我們她小時候的願望是當修女，因為修女看起來很高雅。她年輕時愛上一個不該愛的人，那樣的傷痛後來成為繪本《Lupinchen》(下圖右三)的靈感。

穿著兩隻不同顏色鞋子的施洛德。

施洛德的著作，有各國譯本；最右方是和麥克·安迪合作的《滿月傳奇》。(攝影／張震洲)

丹麥十

安徒生博物館

發現童話大師的藝術面

文——顏銘新；攝影——吳方齡

安徒生博物館和童年故居

丹麥童話大師安徒生，筆下優美哀傷的〈小美人魚〉、〈賣火柴的小女孩〉、〈醜小鴨〉、〈拇指姑娘〉……等，可說是全世界讀者共同的成長閱讀記憶。安徒生一八〇五年在丹麥奧登斯的出生地，於一九〇八年開放為博物館，館內收藏了安徒生的文具、衣物、畫作、剪紙等。館方依據史料把小屋內還原成安徒生出生時的陳設，連著小屋的圓型大廳是丹麥藝術家斯蒂文斯（Niels Larsen Stevns）創作的巨幅馬賽克畫，記述安徒生生平大事。

安徒生博物館外露天劇場常有表演，演員都是當地居民

博物館上方標示1905是安徒生的出生年。

博物館外觀。

博物館庭園裡有一個童話小舞台，面向茵茵草坡。博物館開放日每天早晚各一場的演出，附近的幼稚園老師和爸媽們帶著小孩輕鬆坐臥在草地上，對他們而言，安徒生童話故事，不是只在故事書上，也在周遭的日常生活裡。表演完畢，可以和演員近身拍照，他們對台灣來的我們格外親切。

距離博物館步行約六分鐘，可以參觀安徒生二歲到十四歲離開奧登斯（Odense）前的住處，房子雖小而窘迫，裡面的陳列卻精采豐富，錯過可惜。

二〇一六年夏天，我們全家先到荷蘭海爾德蘭省梵谷國家森林公園，參觀收藏有《星空下的咖啡館》等眾多梵谷作品的庫勒慕勒博物館（Kröller-Müller Museum），離開荷蘭後，來到丹麥奧登斯的安徒生故鄉。

原先這段旅程的源起單純只是童書愛好者仰望童話大師的朝聖之旅，沒想到看到安徒生在寫作之外還涉獵了許多表演和視覺藝術的紀錄，更意外讀到梵谷對未曾謀面的安徒生的景仰之情。

梵谷眼中的畫家安徒生

梵谷曾經至少十四次在信中提起安徒生的作品，他經常引用安徒生的文字、請弟弟西奧買書寄書、喜歡朗讀安徒生童話，對象包括他的同事、德文家教學生和在教會裡的小孩。

一八八二年十月三十一日，梵谷在給前輩畫家朋友拉帕德（Anthon van Rappard）的信中寫到：「難道你不認為安徒生童話璀然美好？他一定也是一個插畫家！」

南丹麥大學安徒生學院博士戴維森（Mogens Davidsen）認為談安徒生的畫作時，很難不拿梵谷來做比較，兩人作品一樣鮮少見到陰影，善用點線描繪林相植被，筆畫精細處像在製作地圖。比安徒生年輕四十八歲的梵谷，一八五三年出生於荷蘭津德爾特，除了從歐陸流傳的譯本中讀到安徒生童話，應該沒看過安徒生未曾出版的畫作，更沒機會見到他本人。教人不禁好奇梵谷是如何推論出安徒生一定也是一個插畫家？丹麥皇家藝術學院院士希而特夫特（Kjeld Heltoft）說：「那純粹是出於藝術家的直覺與同理心。」

藝術家安徒生

希而特夫特好奇並勤快地走訪安徒生居住過的地方和一些相關機構，找出更多安徒生的剪紙和素描，疾聲呼籲保存修復，豐富了安徒生博物館的收藏。在館內我們看到安徒生剪紙用的剪刀和精細的立體剪紙，以及許多小巧筆墨寫生，明瞭了安徒生較不為世人所熟悉的另一個藝術家身份。

身為鞋匠之子，雖然從小缺乏同齡玩伴，但父親經常為他製作舞台和戲偶，讓他從不缺乏玩具。安徒生也繼承了父親的巧手，一把剪刀不須草稿就可以剪出複雜的圖樣。當他十六歲窮居哥本哈根時，經常觀察街上過往的仕紳淑女，在裁縫店關門後向店主索取碎布頭，自己裁剪縫製戲偶。展間裡安徒生的剪刀邊上，寫著：「要我教他寫出創意，首先得學會裁切——這是創意的最初原點，不過要記得，永遠不要用有銳利刀尖的剪刀去裁切。」

博物館裡也另闢了一間提供飲水和廁所的休息室，牆上貼滿了遊客的剪紙創作，受到安徒生這段話的鼓舞，我們也不怕羞地拿起剪刀，留下用一張色紙剪

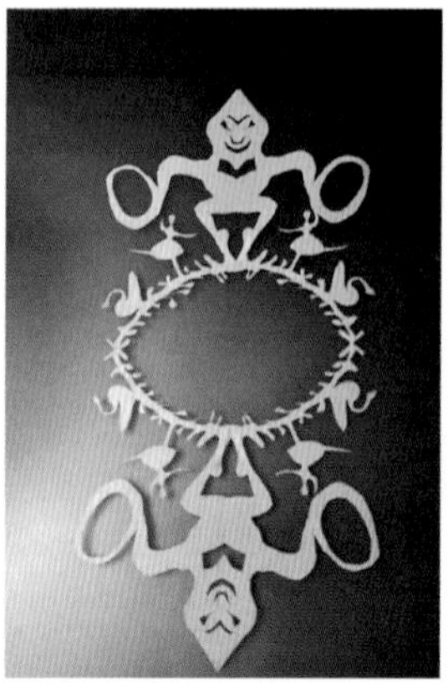

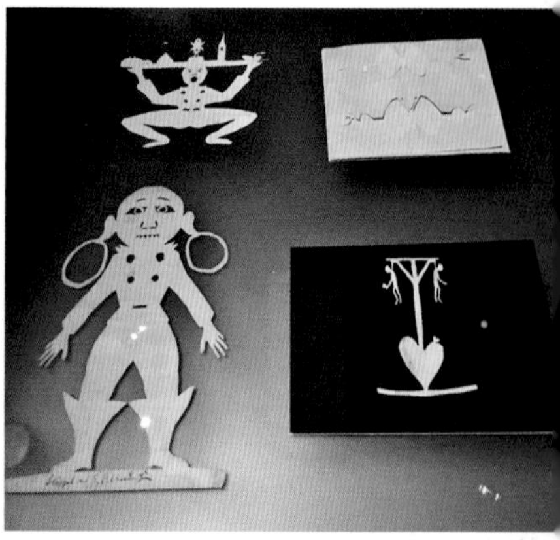

（上、右）安徒生認為「裁切是創意的原點」，其剪紙作品細膩淘氣。

（左起）博物館外觀，安徒生童年故居，小鎮公車上也有童話人物剪影。安徒生童年故居室內展區。

出有長長尾巴的美人魚。

奧登賽小鎮漫步

走出博物館後，一位老爺爺笑盈盈推薦我們走進兩排民宅間的住戶後巷，巷裡花比人高，群芳競豔，略可窺視當地居民日常生活的景況。走回馬路上，家家戶戶的窗台上像是邀請朋友般地大方展示著各種或典雅、或可愛的擺設。

走在街上隨處可見精緻的百年老店，博物館旁的裱印工坊門口是一部古老的版畫機，書店懸著書本形狀的店招，有著兩個像腳踏車輪般大小的金環疊套的是手工飾品店，古老的教堂和以安徒生作品為本的戶外裝置藝術更是不勝其數，令人深深感受到童話浸淫日常的美好。

安徒生博物館資訊

URL：museum.odense.dk/en/museums/hans-christian-andersen-museum

FB：facebook.com/hcandersenmuseum

ADD：Bangs Boder 29, 5000 Odense C, Denmark

Opening Hours：10:00 - 16:00

安徒生童年故居室內展區。

Trivia

你不知道的安徒生小八卦

丹麥君王克里斯蒂安八世尚未登基前，曾擔任皇家藝術學院校長，當年因為挪威脫離丹麥王朝而造成財務危機，丹麥財政大臣企欲裁減文化支出，還好克里斯蒂安八世戮力阻擋。若非如此，皇家藝術學院可能就沒錢贊助安徒生的義大利之旅，後世也就少了一百六十個精采的童話故事了。

資料來自《Hans Christian Andersen as an Artist》

Books

我的安徒生童話繪本

幼稚園大班時，我在房東廢棄的倉庫裡看見一疊畫著鴨子和天鵝的圖卡，背面印著給說書人的故事綱要。六年前在美國加州丹麥村一家書店附設的安徒生博物館裡看到這本長四十五公分的《醜小鴨》(上圖右)，興高采烈把它扛回家。而當初在圖書館當故事志工時，孩子們聽《豌豆公主》時的陶醉和笑聲至今難以忘記，其中凱迪克獎得主瑞秋．伊莎朵拉(Rachel Isadora)的非洲版謔而不虐，最愛不釋手。新近珍愛則有一半芬蘭血統的英國設計師阿努卡(Sanna Annukka)用強烈斯堪地那維亞民族風插畫的《樅樹》和《雪后》(上圖左)。

Traffic

從哥本哈根搭火車到奧登斯

從哥本哈根中央火車站(København H)搭乘丹麥國鐵DSB快車到奧登斯大約七十五分鐘，途中經過大貝爾特跨海大橋，恍如孤行海上，景色壯闊。可以在DSB網站(dsb.dk)上先購票，印出有二維條碼的購票證明可直接驗票上車。出了火車站大門左轉後，就有路牌指示，順著人行道上的腳印走，即可抵達安徒生博物館。

特別企畫
森林繪本

illustration_ 伍幼琴

森林繪本

談童話、繪本中的森林

文──張淑瓊

圖──維吉尼亞·李·巴頓／《小房子》（遠流）

她叫來一個獵人，對他說：「把這個孩子帶到森林裡去，我不想再見到她。你把她殺了後，取回她的肺和肝做憑證。」（〈白雪公主〉）

本期《大野狼。繪本誌》選「森林」當主題，編輯邀稿的時候說了一段有意思的話：「選『森林』有點偶然，一是以『森林』為背景的繪本故事很多，二是現在『森林』既珍貴又脆弱，總覺得可以從森林相關的繪本中看到些什麼。」

我覺得這一段邀稿的開場非常有趣。沒錯，此時此刻看這個選題，以森林為主題的繪本確實很多，森林對人們也確實非常寶貴。但是，若回到二百年前的十九世紀，回到格林兄弟在鄉野間蒐集民間故事的那個時刻，回到一八一二年《兒童與家庭童話集》出版的時候，在格林兄弟於鄉林野地蒐集到的口傳故事裡，那是人煙稀少，出了村落就是荒野，樹木滿坑滿谷的地方。那個時候「森林」並沒有那麼寶貴，它們只是傳說、故事裡的情節發生「地點」，它們只是「場景」，很平常、很生活化，也因此童話故事裡「獵人」或「樵夫」這樣的配角出現，再自然不過。只是這個童話故事的場景雖然平常卻不平靜，它常是衝突、背叛、兇惡、悲劇發生的地點。

森林到底是什麼樣的地方？

在傳統童話故事裡，「森林」代表什麼呢？那是〈白雪公主〉裡，皇后吩咐獵人取其肝肺，讓白雪公主從她眼前完全消失的地方；森林是〈糖果屋〉裡，壞心的繼母說服貧窮軟弱的伐木工父親，遺棄小兄妹兩人，好少兩張嘴吃飯的地方；也是喜好啃吃小孩的兇惡巫婆，用糖果屋引誘小孩的地方；森林也是〈小紅帽〉裡，要去探望外婆的小紅帽，遇到吃人大野狼的地方……童話故事裡的森林到底是什麼樣的地方？先不談複雜的佛洛伊德、榮格、符號學、民間故事分析，單單讀著這些較為完整的童話故事版本，就能嗅出「森林」這個場景，有吃人的野狼、兇惡的女巫，它代表著：危險、驚嚇、黑暗、不安、背叛、遺棄、死亡……

從眾多到稀有

那麼，從滿坑滿谷的林木到需要保護的資源，到底發生了什麼事？透過幾本童書，我們也可以讀到一些脈絡端倪。最經典的代表作是維吉尼亞・李・巴頓（Virginia Lee Burton）一九四二年的作品《小房子》（遠流），在這本距今七十五年前的創作裡，深具先見之明的李・巴頓帶著我們，透過一間鄉下地方小房子的經歷，看見鄉間變城鎮的地貌改變過程。

故事一開始，主角小房子本還想著：「『城裡』，到底是什麼樣的地方？住在『城裡』，不知道是什麼感覺？」豈知在她周邊的景物已經悄悄地因著人類交通工具的改變而改變，原先是馬車行走的鄉間小路，開始出現汽車，也為了汽車而開出一條條大馬路。時間一天天經過，小房子並沒有移動，卻漸漸被高樓房舍包圍，成為城市裡的小房子。

這本美國凱迪克金牌獎的作品，巧妙地預告了這場人類過度開發爭搶土地的戰爭，但更高明的是，書中的小房子最後又從城市被挪移到鄉下，回歸原先屬於她的鄉村恬靜安舒生活中。作者這段描述在七十多年後的今天看來，完全沒有時間差，像極了這些年回鄉種地的選擇。彷彿多年前在《小房子》這本圖畫書中，早已埋入了這種近乎土地召喚和生命確幸的渴望。

森林沒了、鄉村變了

三十年後，約克・米勒（Jörg Müller）在一九七三年出版了《挖土機年年作響──鄉村變了》（和英），更進一步讓我們看到環境轉變的過程。藉著七張跨頁大圖，繪者從同一個角度取景，每三年一個間隔，記錄了二十年間一個小鄉村的變化。當挖土機來了，地景就跟著改變，所謂「快速」發展，建設的背後常隱藏著破壞、捨棄。只是這一次，畫面中的那棟房子並沒有幸運地被保留，房子被完全拆除，成為道路的一部分。當我撰寫本文時，把這些書攤開來查閱，念小學二年級的小姪女看著這些內容，讀到鄉村變城市的變化，小小年紀的她竟然悠悠地下了一句註解：「好慘痛的結局啊！」是啊，這個結果是慘痛的，只是這位生活在現代的小學生的感嘆，在當年當時的人們心中也許還沒有如此清楚的感受。

很多人以為自己無辜，如同《森林大熊》（格林）一樣，彷彿冬眠一覺醒來，洞穴上頭已經是間工廠，牠還得費力解釋自己是「熊」，而不是偷懶的工人。一九七六年出版的這本繪本，同樣是約克・米勒繪圖的作品，和《挖土機年年作響》一樣，反映了在故事選材上，創作者已經意識到整個工業革命帶來的快速成長和擴張，早已有形地摧毀了看得見的地景、地貌，也埋藏下了似乎可預見的苦果。

從稀有到珍惜

我們看到創作者早就先見預告了這件事，所以才會有一九五三年法國作家尚・季沃諾（Jean Giono）的《種樹的男人》（晨星、果力文化）、一九五四年英國作家托爾金（J.R.R. Tolkien）在《魔戒》（聯經）二部曲裡寫的樹人，或是一九五七年凱迪克金牌獎的《樹真好》（上誼）。「樹木」和「森林」於是從佈景、場景，變成了焦點、主角。

對森林消失的感慨和危機感開始在童書創作的選題中發酵，這個原先不重要的「場景」，突然變得珍貴起來。終於，我們意識到不再滿坑滿谷任我們採伐的森林是「資源」。因為不能輕易擁有，也因著近二十年生態環境意識漸漸抬頭，面對持續消失的森林和渾身是傷的地球，「森林」躍上舞台成為童書的主角。於是我們看到《大熊抱抱》（維京）、《奇妙的花園》（小天下）、《森林是我家》（格林）、《和平樹》（小魯）、《艾莉絲的樹》（道聲）、《大木棉樹》（和英）……

繪本不只是給孩子的讀物，其中反映著一個世代或時代，人們的觀察、觀點、經歷、體會、危機感、提醒、安慰、主張……

從「森林」看繪本，或是從「繪本」看森林，不管從哪個角度，其中的意念都值得細細品味。

書介—黃郁欽、陶樂蒂、MaoPoPo、顏銘新、林幸萩

攝影—張震洲

推薦繪本

Part 1

森林

1《森の繪本》

長田弘(文)、荒井良二(圖)/講談社/1999

荒井良二曾說:「語言能表達清楚的,我不想畫成繪本。我更在意的是那些無法用語言表達的部分。」長田弘是兒童文學作家,也是詩人,或許因為這樣,這本繪本的文本帶著淡淡的詩意。在裡面可以聽到聲音,一個應該是來自心裡,卻已經被遺忘的聲音。會聞到香味,最家常,卻又最熟悉的香味。而文字之外,荒井良二則用他自在揮灑的圖畫營造出獨特的世界。於是我們就在這樣的圖文吸引之下,走入森林。(黃)

1

3《森林》

文達爾．勒貝克／上誼文化公司／2014

這本《森林》開宗明義就寫著：「獻給我的兄弟姊妹，他們和我一起，一次又一次地穿越這片森林。」從這句話再對應裡面的圖文，可以看出作者勒貝克對森林的熟悉以及深厚的情感。書裡的森林在勒貝克的快筆勾勒之下，逐漸甦醒。乍看是許多的綠，許多的枝葉，但細看之後，可以看出森林的層次與豐富。在森林裡生活的物種更是多樣，我們看到狐狸走過，彈跳的青蛙、躲避的針鼴，看到恣意漫步在乳牛身旁的鷺鷥，雉雞穿越的蕨林下，也是野鼠們的步道；更讓我們驚奇的是夜晚的森林，看似靜謐卻永不沉睡，許多動物趁著月光、樹影出沒活動。這是森林的一天。（黃）

5《Diapason》音叉

Laëtitia Devernay／La joie de lire／2010

這本瘦長的繪本不只是繪本，而是一首悠揚的樂曲，一首樹林之詩。1982年生於巴黎的作者德弗內第一次出手，即展現了嫻熟流暢的畫面能力。穿著燕尾服的男人走進森林，緩緩爬上樹，掏出指揮棒，端好手勢。下一個畫面，指揮棒舉起，一片葉子轉成鳥兒飛入風中，再一隻、再幾隻、再一群，漫天綠鳥飛翔盤旋……全書無文字，讀者卻著實聽見了美妙動人的樂音。作者善用畫面中的空白、圓形和線條，表達出對音樂和大自然的禮讚。想像的旋律代替了語言，葉子如音符般飛翔。全書初版為經摺裝（下圖），也有一般裝訂版（右下圖右）。本書獲2012年英國的V & A插畫獎，作者後續作品也都令人驚喜。（M）

2《帽子先生和他的獨木舟》

傑若姆．胡耶／台灣麥克／2001（圖為日文版）

本書作者胡耶在馬達加斯加島出生，並曾至南美玻利維亞和法國阿爾卑斯山區旅行，而他也在這段期間開始創作繪本故事。或許是這樣的生活歷練，使得他在這本《帽子先生和他的獨木舟》中讓故事主人翁也展開了一段充滿色彩的旅程。從綠色的森林出發，經過紅色的村莊和黑白的大都市，然後在黃色陽光的照耀下，來到了藍色的海洋。最後雖然又回到森林，但綠意中已經增添了許多顏色。胡耶在同一個色系中做出不同的色調和層次，讓看似簡化的造型和單純的顏色，展現出迷人的質感。本書中文版已不易找，法文原書名為《Jules et la pirogue》。胡耶2001年創作的《有色人種》（和英）也是我最愛的繪本之一。（黃）

4《Une balade avec Dame Forêt》跟著森太太蹓躂去

Catherine Bidet、Steffie Brocoli／Éditions Mango Jeunesse／2015

這是一本讀者可以選擇自己探險故事的森林遊戲繪本，翻開書頁馬上會看到書的右側內頁有一整排標著數字的葉片，讀者跟隨文字的指引，選擇自己想要的森林散步路線，選擇往北走請翻第二頁，往南走請翻第三頁，在第三頁聽到啄木鳥叩叩叩的聲音，想要跟著松鼠走就翻第五頁，跟著昆蟲走的要翻第九頁……這本書的閱讀有無限的可能性，就像我們真的在森林裡散步，隨著心情變化，可能每次走的路線都不一樣，不管遇見獾、野豬、狐狸、兔子，或潺潺的小溪流，每翻開一頁都會有新發現，讀者才是繪本裡的主角。（陶）

（攝影／陶樂蒂）

8《從前從前有一座森林》

斐德利克．芒索／水滴文化／2016

本書作者芒索是法國插畫家，曾畫過格林出版的愛倫坡恐怖經典《黑貓》繪本，本書是他應法國導演賈奎（Luc Jacquet）之邀，在其電影《Il était une forêt》拍攝期間，跟隨植物學家法蘭西斯．艾雷（Francis Hallé）探索熱帶雨林祕境後的創作。本書中譯書名即採用片名。故事描繪熱愛森林的法蘭西先生每天都帶著畫紙出門畫森林，歡欣的同時卻也目睹了人類對森林的殘害。芒索在書中花了非常大的力氣描繪森林樹木花草的美麗，小屋周遭的蓊鬱密林、爬滿苔蘚的傾斜桃花心木、交纏共生的紅無花果樹和大棕櫚，以及孤獨矗立在燒黑林地中的白色大山欖。作者得心應手地用顏料層層疊疊，將熱帶雨林幻化出獨特的瑰麗色彩。（M）

7《酷比的博物館》

歐希莉．揚森／小天下／2014

第一次遇到「酷比」，是2012年在京都百貨公司的書店裡。搭上在日本吹起的北歐風潮，這一本挪威來的繪本《Kubbe lager museum》，也擺在書店裡最顯眼的位置。後來台灣終於也出了中文版，略帶漫畫風的酷比造型非常討喜，也難怪在全世界一推出，就受到極大歡迎。酷比住在森林裡，繪本裡讓我們看到了北歐森林的風貌；酷比的奶奶住在城市裡，於是我們也在繪本裡看到北歐街景的風光。對於有收蒐集癖的人來說，這更是一本令人回味無窮的繪本。本系列還有續集《酷比的音樂會》（小天下）。（黃）

6《もりのえほん》森之繪本

安野光雅／福音館書店／1981

安野光雅的繪本總是在看起來安穩恬靜的畫面中，用許多細微的事物，隨著頁面，一頁一頁帶領著讀者緩緩進入繪本的情境之中。這本無文字的《森之繪本》，同樣有著那份安野光雅圖畫中特有的溫柔平和；一頁頁看似單純的綠色圖像裡，其實隱藏著無數的動物，他們姿態各異地存在於森林的不同樹木之中，每翻一次書，就會有不同的發現和驚喜。繪本最後貼心地記錄了每個頁面裡隱藏的動物。還沒找到嗎？再看一遍。（黃）

3D 森林遊戲書

1《小紅嘴鳥的奇幻飛行》

亞嘉特．德摩（文）、文生．高鐸（圖）／親子天下／2016

小紅嘴鳥從一棵樹叢飛出，筆直地穿越了森林，那些隱藏在森林裡的藍色細線，到底是什麼呢？趕快拿出小紅鏡來找一找。這是兩位圖案設計師、造型藝術家亞嘉特．德摩與文生．高鐸共同創作的第一部作品，利用顏色+濾鏡的原理，讓繪本的閱讀多出了「隱藏版」的樂趣。法文原書名《La grande traversée》同時有「穿越」與「旅行」雙重的含義，本書於2015年奪得德國「最美麗的書」獎。（陶）

2《What's Hidden in the Woods?》森林裡藏了什麼？

Aina Bestard／Thames and Hudson Ltd／2015

森林裡藏了什麼呢？本書乍看之下是一次林中散步，但當你跟隨文字的提示使用三色濾鏡仔細觀察，會發現更多隱藏在樹叢間的可愛動物與風景，每轉換一次濾鏡，就會發現更多。本書運用光學上光波的穿透加反射原理，以紅、藍、綠三色濾鏡搭配紅、黃、藍三原色構圖，圖像的趣味與可讀性加倍。每轉動一次濾鏡，都有驚奇的新發現，或有東西被隱藏。作者出生於加泰隆尼亞馬約卡島，自小跟著爺爺學畫圖，設計學院畢業之後成為平面與商品設計師，創作範圍廣泛。本書是她的第一本繪本，並獲得2016英國Prima Baby Awards金獎。（陶）

推薦繪本

Part 2

森林中的經典童話

1《白雪公主和七個小矮人》
南西·艾克紅·柏柯／遠流／1992
（圖為英文版）

本書收錄在遠流當年由郝廣才企畫的「遠流世界繪本傑作選」系列裡，該系列的譯者網羅當時許多重要作家，如琦君、林海音、林良……等，本書則是由2016年辭世的台灣重要童書作家暨譯者馬景賢先生所翻譯。繪者南西·艾克紅·柏柯是活躍於1970-1980年代的美國插畫家，色鉛筆和水彩的風格柔美細緻。英文版於1972年問世，瀰漫著仙境般的迷離氛圍，從場景到角色，比起《格林童話》，毋寧更像托爾金筆下的精靈城和哈比人。封面上公主那白裡透紅的肌膚，至今仍是最令人傾心的白雪肖像之一。（M）

2《Snow White》白雪公主
Josephine Poole（文）、Angela Barrett（圖）／1991（圖為日文版《白雪姫》）

經典童話意象豐富，但如何詮釋出新意對插畫家也是一大挑戰。這本由英國圖文搭檔安琪拉·芭雷特和文字作者喬瑟芬·普爾合作的《白雪公主》可說是不朽傑作之一，兩人其他合作的繪本還包括《Joan of Arc》（聖女貞德）和《Anne Frank》（安妮·法蘭克）。芭雷特較為國人熟知的是《藏起來的房子》（三之三），但這本《白雪公主》絕對是她最精采的作品之一，童書大師昆丁·布雷克盛讚此書為：「最真實、最原創的《白雪公主》」。芭雷特在每一張圖畫中安排進不同層次的空間，讓一張圖能說的故事藉由視覺向外延伸，非常厲害，每張圖都值得細說。書中描繪的森林陰鬱濃密、壓迫感十足，尤其是封面這張圖的完整跨頁原作，眾多野獸伴著白雪在林中狂奔，其倉皇驚懼令讀者感同身受。本書仔細描繪母后以不同手段試圖殺害白雪的場景，其中白雪因為紅緞帶束胸倒地一幕，靈感來源曾參考攝影師Lee Miller拍攝的納粹父親毒殺全家後自盡的攝影作品。（M）

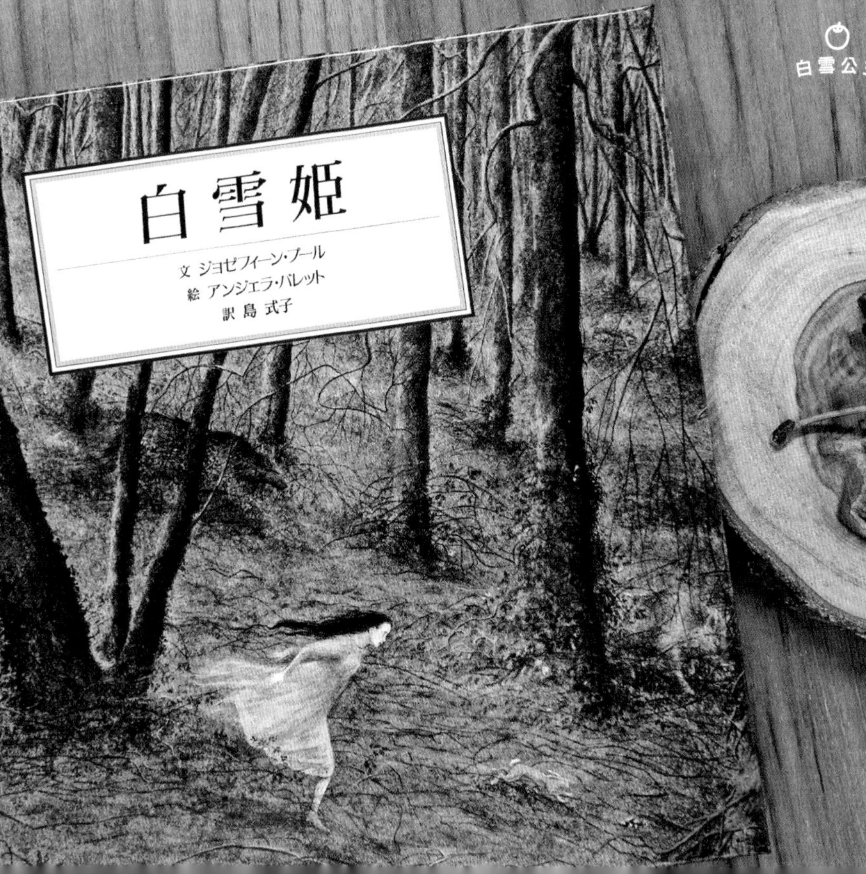

5《Little Red Riding Hood》小紅帽

Bernadette Watts（圖）／NorthSouth Books／1968

本書最曾由啟思教育出過中英文對照版，但已絕版多年。1942年出生的華茲是英國著名的繪本作家，作品數量驚人，畫過許多童話和寓言故事。本書也是經典的《小紅帽》版本之一，華茲用粉彩溫柔地鋪陳出一頁頁夢幻場景，從小紅帽採花的繽紛野花田、遇見野狼的昏黃荒原、到獵人現身的藍色密林……書中呈現了森林迷人多樣的面相，令人神往。華茲筆下的野狼也小小隻地樸拙討喜，肚內裝石頭掙扎的模樣反而令人憐愛。（M）

3《La Petite Soeur Du Chaperon Rouge》小紅帽的妹妹

Didier Lévy（文）、Clotilde Perrin（圖）／Editions Milan／2015

小紅帽其實還有個妹妹，名叫卡蘿塔。卡蘿塔非常喜歡她們居住的森林和所有同住在森林裡的居民，當然還有那隻已經又瘦又弱、一點也不兇惡的大野狼。已經名利雙收的小紅帽和老奶奶仍不知足，想要在森林裡開發遊樂園、飯店和主題餐廳，當挖土機已經開到了森林，卡蘿塔、動物和樹木們要如何逃出開發的魔掌呢？這是一個顛覆童話，探討大規模開發森林破壞生態環境的主題。原本是新聞記者的李維是法國暢銷兒童文學作家，寫過《河馬波波屁股大》等一百二十餘部作品；繪者克洛蒂德．貝涵的圖畫繽紛美麗，繪本創作型式十分多元，其中風琴裝繪本《世界上的此時此刻》（水滴文化）堪稱其代表作。（陶）

6《Thorn Rose》帶刺玫瑰

Errol Le Cain／Faber and Faber／1975（圖為日文版）

二戰期間出生新加坡的動畫暨插畫大師勒．凱因，童年因戰爭在南亞國家住過多年，因此筆下畫面融合東西方元素，神祕、瑰麗、裝飾繁複。勒．凱因畫過近五十本繪本，曾獲凱特．格林威大獎，本書亦得到格林威推薦獎。《帶刺玫瑰》以《睡美人》為本，充分展現前述畫作特色：開場眾仙女在林中慶賀公主誕生一景（即封面圖），是如夢似幻的百妖夜行，魔幻細緻的衣冠座騎，網狀的密林枝椏，鋪地叢生的奇花異草，畫面幾無空白，完全是印度細密畫的轉生。而伴隨每頁文字邊框、呼應主插圖的裝飾花紋也同樣精采，雕琢程度令人咋舌。（M）

4《Little Red Riding Hood》小紅帽

Trina Schart Hyman（圖）／Holiday House／1983

美國插畫家海曼著作等身，是凱迪克獎常客。畫風古典，構圖細緻繁複。她也是1973年創立至今的美國兒童文學雜誌《Cricket》第一任藝術總監，提攜後進無數，就是她向當時仍在學的大衛．威斯納邀稿，鼓勵威斯納走上繪本創作之路。此外，海曼也是最早在作品中描繪非裔角色的白人女插畫家之一。這本經典的《小紅帽》亦得到凱迪克銀獎，方框的古典構圖，栩栩如生地描繪了森林裡傳統鄉村木屋的裝潢、擺設等細節，從屋外的花盆、喬裝成奶奶的野狼身上蓋的百納被、到祖孫慶祝重生的英式下午茶……畫中有許多細節物件值得欣賞玩味。方框的小配圖也描繪了許多林相和森林中的動植物，海曼還在畫中安排了非常有趣、串連情節的「貓」配角，讀圖時千萬別錯過。（M）

8《Hansel and Gretel》糖果屋

Anthony Browne／Walker Books／1995

本書發表於1981年，是安徒生大獎得主安東尼·布朗最早關於《格林童話》〈糖果屋〉的詮釋版本。故事大抵忠於原著。此時的布朗還未開始在圖中和讀者玩藏寶遊戲，但梳妝台上的化妝品飾品、大衣櫃旁的高跟鞋，在在暗示後母的自私。本書圖像的最大特點是許多幅畫面都透過鏡子、窗和門來呈現由外往內看的視角，直到最後小兄妹回到家，終於轉換成由屋內往外看。布朗在書中對黑色的運用非常高明，後母和女巫完全融入闇影中不見身形輪廓、眼神睥睨、唇邊都帶顆黑痣，讓人不寒而慄。布朗書中描繪的森林都只有極端粗大的樹幹，見不到半片樹葉，此特色一直延續到多年後的其他版本如《Trail of Stones》（石頭路）和本頁的《走進森林》，前後比對畫面相當有趣。（M）

10《Le Petit Poucet》小拇指

Charles Perrault（文）、Clotilde Perrin（圖）／Nathan Jeunesse／2003

〈小拇指〉出自法國作家貝侯的《鵝媽媽故事集》，內容其實和〈糖果屋〉雷同，都是中世紀歐洲家庭因饑荒得棄養孩子，而孩子們靠著機智從森林裡的食人妖或巫婆手下逃生、並帶回寶藏的故事。本書繪者貝涵筆下的水彩人物活潑有趣、色彩明亮，即使是驚悚血腥場景也顯得幽默歡快，從屬的小配圖也相當搶戲，可以感受到繪者畫圖時的享受開心。貝涵在書中描繪的山林樹木都有五官表情，時而兇惡時而謹慎，反應了場景的情緒。右頁的《小紅帽的妹妹》也出自貝涵之手。（M）

7《走進森林》

安東尼·布朗／格林文化／2004

有別於本頁另一本安東尼·布朗早期之作《糖果屋》，這本《走進森林》（Into the Forest）其實並非單一童話改編，而是以兒童日常生活中失去親人的焦慮為引，此時小男孩主角又被指派「帶蛋糕去探望生病的奶奶」——這對熟讀經典童話的讀者來說真是太驚悚的暗示了！緊接著出現的連續森林場景轉為黑白，林木枯槁、連一片樹葉都沒有，也鮮有其他生物。途中經典童話人物一一出場，他們的提問令人懼怕，小男孩一路漠視，直到他看見一件溫暖可愛的連帽紅外套……本書是繪本中少見的驚悚懸疑心理劇，但又不失幽默調侃；讀者務必找找隱藏在每張圖中的童話線索，那是閱讀時最大的樂趣。至於結局……布朗安排了非常戲劇化的轉折，就端看讀者信是不信了！（M）

9《柳林中的風聲》

葛拉罕（文）、英格·莫爾（圖）／國語日報／2010（圖為英文版）

葛拉罕的名著《柳林中的風聲》自1908年初版以來，從最早謝培德（E. H. Shepard）的黑白插畫開始，至少有五十個不同插畫版本，本書為1996年莫爾所繪製。英國插畫家莫爾的風格優雅而沉靜，廣泛運用鉛筆、墨水、粉彩、蠟筆……等各種畫材，畫中紋理質感豐富多變，仔細描繪各種細節場景，精緻且迷人。大多數《柳》書版本中的森林都讓孩子們望而生畏，但莫爾的插畫卻重新賦予森林明朗開闊的意象，讓讀者有無限的想像空間。（陶）

推薦繪本

Part 3

森林之詩

1《Once Upon a Northern Night》

北地冬夜

Jean E. Pendziwol（文）、Isabelle Arsenault（圖）／Groundwood Books／2013

（圖為北美版封面）

本書為加拿大得獎作家潘茲沃(Jean E. Pendziwol)寫的一首優美的雪夜之詩，適合輕輕吟讀給自己或孩子聽。寫景文字優美如畫，松枝瑩雪，窗櫺薄霜，青橘粉紅極光奏著無聲旋律，靜謐森林裡卻充滿著無限的生機，愛憐子女之意油然生出，在皎潔月色輕吻你臉龐時，輕輕在你耳邊一聲：「我愛你。」作畫的是近年迭有佳作的加拿大畫家伊莎貝爾．阿瑟諾，除了P.9介紹的《小狼不哭》之外，還有《簡愛，狐狸與我》(字畝文化)。阿瑟諾筆力娟秀流瀉出詩意綿延無盡，邊讀詩邊看著畫，閉上眼後，仍覺得圖像在眼底流轉，詩句在耳邊徘迴。（顏）

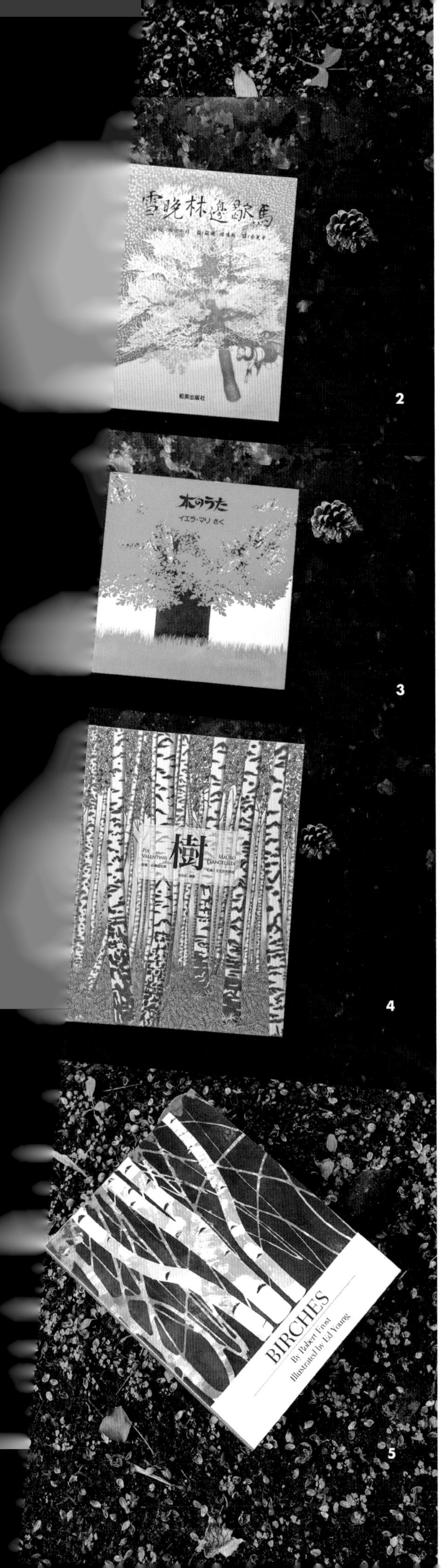

2《雪晚林邊歇馬》

羅伯·佛洛斯特(文)、蘇珊·傑佛斯(圖)／和英／2004

「森林又暗又深真可羨，但是我已經有約在先，還要趕多少路才能安眠……」〈雪晚林邊歇馬〉是美國詩人佛洛斯特的名作，詩人余光中形容為「此詩之難能可貴，在於用語單純自然，格律整潔完美，意境深入淺出。」本書譯文也由余先生執筆。要用繪本描繪「詩」相當困難，因為圖像上說白了有失韻味、說少了又沒意義，分寸很難拿捏，愈簡單的詩愈是如此。凱迪克獎得主、美國插畫家蘇珊·傑佛斯1978年勇於用畫筆詮釋這首經典名詩，她畫面中的留白巧妙，雪景意象祥和鮮明，鉛筆刻畫的動物毛羽柔軟。傑佛斯不受限於詩的語意，在畫面中讓戴著綠圍巾的老人童心大發，發展出另一場雪晚林邊歇馬的心境。看完圖再回頭讀佛洛斯特的詩，生出另一種趣味。(M)

3《樹木之歌》

艾拉·馬俐／青林(圖為日文版)

本書的義大利原名《L'albero》就是「樹」的意思，全書沒有文字，每一頁都是同一棵大樹，在相同的位置左右，卻能在這麼多年之後，依舊受到喜愛與推崇，代表了義大利繪本作家艾拉·馬俐的功力，也代表了繪本的各種可能性。艾拉·馬俐在書中描繪了一棵樹的四季：冬天的樹只有枯枝和空巢，隨著春天枝芽的萌發，整個大地也染上了綠意；經過夏秋，樹葉由綠染紅；最後回歸到一片雪白，彷彿又可以回到第一頁，重新開始樹的新生。透過純粹的顏色和富設計感的圖像，讓它不只是知識性的繪本，也帶著濃濃抒情的風格。(黃)

4《樹》

琵雅·法蘭提尼斯、毛洛·艾凡哲利斯塔／積木／2017

本書的開本超大，尺寸為29 x 37.5 cm，連同《海》和《山》(積木)是對大自然謳歌的系列插畫作。書中整理了荷馬、羅卡、赫塞、艾蜜莉·狄金生、伊朗導演阿巴斯……等名家關於不同樹種的詩作散文，再佐以該樹相關的典故或知識，並運用不同技法描繪出該樹的特徵姿態。例如書中摘了希臘詩人塞菲里斯之作：「請你帶上那男孩／他已見識到那懸鈴木枝椏間的光／教他認識這些樹木」，原來遍生於義大利的懸鈴木是啟發之樹；《變形記》中則寫道原來桑果轉紅有著一段羅密歐與茱麗葉式的愛情悲劇……翻閱全書是一趟認識南歐樹木與詩文經典之旅。(M)

5《Birches》白樺樹

Robert Frost(文)、Ed Young(圖)／Henry Holt & Company／1988

本書描繪美國詩人佛洛斯特另一首名詩〈白樺樹〉，全詩分三部分，負責插畫的是以《狼婆婆》(Lon Po Po)得過凱迪克金獎的華裔插畫家楊志成。楊志成的演繹並不走情節的線性發展，而是提供一幅幅優美靜謐的自然寫生：近景的大風雪把樹吹彎、春日雪融溪水緩流、夏日屋子外牆映著濃密樹影(上頭還有個小男孩的影子)、遠眺農場上農人辛勤收成、仰頭蒼鷹盤旋樹梢、最後再回到林間，從林梢俯瞰大片雪間，足跡旁小黑狗仰頭吠叫(暗示此視角正是狗主人爬上枝頭)。楊志成水彩瀟灑寫意，筆下功力了得，色彩、取景、視角皆不同，但透著一種怡然觀察周遭自然的悠閒自在，是小品，卻流露大師不凡手底功夫。(M)

推薦繪本

Part 4 森林生態

1

1《The Man Who Planted Trees》種樹的男人

Jean Giono（文）、Frédéric Back（圖）／ Les Entreprises Radio-Canada and Gallimard/ Lacombe, Montreal ／ 1989

「他用鐵棒在地上扎一個洞，然後在洞裡放進一個橡實，再把洞填起來。他種下一顆一顆的橡實。我問他，這是他的地嗎？他說不是。那麼他知道這是誰的地嗎？他也不知道。」孤獨的男人在法國普羅旺斯默默種植了三十四年的樹，歷經兩次世界大戰，森林起又滅，最終綠意盎然，水興人旺。法國鄉土文學大師尚．紀沃諾1953年寫就的不朽經典《種樹的男人》，半世紀以來感動了全球一代代讀者。而受此經典啟發的已故加拿大動畫大師斐德列克．貝克，花了五年時間用色鉛筆手繪，在1987年創造出同名動畫經典(或譯為《植樹老人》)，畫面細膩奔放，流動如詩如風如魔法，觀者無不動容。本書為貝克為了繪本重新繪製，溫暖柔和的筆觸為此雙重經典留下紀錄。（M）

3

4

2

4《我們的樹》

伊芙．邦婷(文)、泰德．瑞德(圖)／上堤文化／1999

本書原名「夜之樹」。月光下靜謐的森林，各種夜行動物出沒，故事裡的一家人，每年都例行儀式般地來到森林，尋找那棵「我們的樹」，為它掛上蘋果、爆米花裝飾，然後坐下來邊唱聖誕頌歌邊喝熱可可，度過他們的聖誕夜。伊芙．邦婷作品超過二百五十餘部，書寫範圍廣泛，關注各種議題：孤兒、弱勢兒童、遊民、保育、戰爭……作品屢屢獲獎，1991年洛杉磯暴動之後，她寫了《煙霧迷漫的夜晚》(和英)，獲得1995年美國凱迪克金牌獎的殊榮。繪者瑞德是1960、70年代美國最知名的插畫家，風格古典而寫實，一生創作近八十本作品，2005年獲頒表彰兒童文學非凡成就的可藍大獎(Kerlan Award)。(陶)

3《森林大熊》

約克．史坦納(文)、約克．米勒(圖)、法蘭塔．希林(原創意)／格林／2004

1942年出生瑞士洛桑的約克．米勒，是台灣繪本愛好者最早認識的大師之一。米勒筆下的大熊長得並不可愛討喜，因為大熊在睡了一整個冬季醒來後，不僅發現原本熟悉的森林已消失無蹤，替代的是碩大的工廠；驚嚇之餘，牠遇見的所有人，甚至動物園和馬戲團的熊等，都不相信牠真的是熊。牠再怎麼生氣也無法證明自己；最後只好穿上藍色工作服，開始打卡上班。約克．米勒諸多作品都展現對環境變遷的觀察和重視，本書展現了更深一層關於「我是誰？」的存在主義思考。米勒曾說：「我不對孩子說教，也不對孩子說謊。」他不認為這樣的繪本對孩子而言太過沉重，因為他並未提供非黑即白的答案，而是把思索和詰問融在故事和畫面裡，是一本在人生不同階段重讀都能有新體會的傑作。(M)

2《森林大奇案》

奧利佛．傑法／小天下／2009
(圖為英文版)

我不明白為什麼有一個小孩會和其他的動物一樣，住在森林裡樹下的地洞裡？我不明白為什麼動物們哪來這麼多彼此猜忌的想像能力？這就是當代鬼才奧利佛．傑法才會有的奇想。他不只可以駕輕就熟應用簡單的線條色塊和圖像，營造出圖畫書頁面的劇場感，而且筆下的每一個故事，無論長短，都有叫人莞爾的出奇轉折和結局。書中故事場景是北國森林的蕭索，由秋入冬轉春，讀者心境也跟著翻頁換幕而歡欣抒懷。本書原名《The Great Paper Caper》。(顏)

8《Etranges créatures》

怪傢伙

Cristina Sitja Rubio(文圖)、Cristobal León(文)／Éditions Notari／2013

動物們參加完神祕的派對後，發現牠們的家消失了，森林的樹被砍光光。雖然試著尋找替代品重建家園，但替代品長不出食物，直到牠們找到偷走家的「怪傢伙」。幾番索討不成，最後動物們利用機智說服怪傢伙一起把樹種回來。書中關於生態的正義、尊重與補救，脫離以人為主的巧妙寓言故事。作者魯比歐來自委內瑞拉，原為攝影師，她的圖像狂野，沒有過多的修飾，線條生猛有力。(陶)

7《和平樹：一則來自非洲的真實故事》

貞娜．溫特／小魯文化／2012

本書描繪諾貝爾和平獎得主萬格麗．瑪泰(Wangari Maathai)的故事。肯亞因開發而失去森林，萬格麗先在自家種下小樹苗，然後建立苗圃，在田野裡植樹；接下來她教導當地婦女樹木的重要，帶領她們種樹，於是樹木綠帶漸漸在肯亞蔓延開來。本書作者溫特總是描繪真實故事，畫中超越事實的苦澀與傷害，為讀者帶來勇氣、希望與愛。2010年她以描述阿富汗真實故事的《Nasreen's Secret School》(娜絲琳的祕密學校)獲得珍．亞當斯兒童圖書獎。(陶)

6《大象在哪裡？》

巴胡／小魯文化／2016

翻開書本，只有簡單的提問：大象、鸚鵡和蛇在哪裡？然後就開啟了屬於讀者與動物們的躲貓貓遊戲，動物們的藏身之地愈變愈小，差一點要無處容身。巴胡出生於巴黎，成長於摩洛哥，離開廣告公司的藝術總監工作後，他在美國、加拿大開始插畫創作生涯。他看到人們為了糧食、原料、開發，大量砍伐熱帶雨林，正思索要如何和孩子討論這個問題時，《威利在哪裡？》(親子天下)提供了他創作的靈感。(陶)

5《什麼都有，什麼都沒有》

朱利安．畢洛多／字畝文化／2016

這是畢洛多自寫自畫的第一本繪本，平鋪直敘的簡單故事，搭配幾何圖形構成清爽的內頁圖像，視覺上非常清新。喜歡繪畫與拼貼的他，也擅長版畫、雕刻與絹印。本書插畫，結合手工和電腦繪圖，朱利安先雕刻一組包含各種圖像元素的木刻版，套印成版畫，再將圖像掃描進電腦，組合成內頁構圖。他的插畫看似工整，卻不顯呆板，不管是森林或城市的意象，都建構得恰到好處，正如同他的故事所做的結尾：不多也不少。(陶)

推薦繪本

Part 5
森林中的動物

1

2《Chagrin d'ours》熊的哀愁

Gaëtan Dorémus／Autrement／2010

本書情節和同系列的《狐狸與母雞》有異曲同工之妙。大熊抱著熊寶寶玩偶在睡覺，但調皮的野狼跑來偷走了熊寶寶。急得哭出來的熊開始追趕，沒想到野狼把熊寶寶一把扔飛，大熊一氣之下吞了野狼；然後是獅子撿到了熊寶寶，但是獅子也不肯把熊寶寶還給大熊，於是……作者用類似原子筆塗鴉式的線條描繪一拖拉庫惡作劇的動物們，真的是又壞又可愛。惡作劇的動物們被吞進大熊肚子後，一起聚會開心得不得了，也成了書中另一條連續的故事線，看了讓人也好想去偷那隻紫色的熊寶寶啊～（M）

1《狐狸與母雞》

碧阿緹絲．胡迪傑／親子天下／2014
（圖為法文版）

本書法文原意為「偷雞賊」，和左邊的《Chagrin d'ours》屬同一系列橫式無字繪本，親子天下選了其中三本以套書方式出版，本書為其中之一。既是無字繪本，故事線和畫面分鏡須清楚流暢：狐狸趁眾動物下午茶時偷走了母雞，熊、兔子和公雞憤怒地一路追趕，翻山越嶺、穿過密林地洞，最後甚至漂洋渡海，這才發現……胡迪傑的畫風樸實率性，簡單的筆觸生動勾勒出主角們過程中的不同情緒；全書揉合了不同的綠色和黃色，和諧溫暖。而故事的結局實在是太好笑、太可愛了，使得本書1993年出版後大受歡迎、獲獎無數，作者後續又畫了兩本續集。（M）

1

5《Psie życie》狗的生活

Józef Wilkoń ／ Hokus-Pokus ／ 2011

波蘭繪本作家約瑟夫．魏爾康的繪本大多以動物為主角。對繪本愛好者來說，他絕對是大師級人物。他曾說過：「我喜歡畫動物。我希望透過畫面，讓孩子從小感覺到人與動物之間的愛。」作品中較為大家熟知的有《花豹布魯諾》(玉山社)、《小貓玫瑰》及《三隻小熊》(上誼)……等，近期他也開始製作立體的木頭創作，本書即為一例。帶著粗獷木紋肌理的木塊，在他的手裡變成了一隻隻充滿表情和姿態的小狗，有的無辜、有的雀躍、有的昂首。簡單的刀法和拼接，卻生動展現了狗的生命力。這不只是功力，也源自對動物的深切熱情。（黃）

4《The Tiger Who Would Be King》想當王的老虎

James Thurber（文）、JooHee Yoon（圖）／ Enchanted Lion Books ／ 2015

老虎想要挑戰森林中野獸之王的寶座，發動了戰爭，所有動物都加入這場混戰，一直戰到大家都死了，老虎成為唯一的倖存者，統治著沒有動物的森林。作者詹姆斯．瑟伯曾任職《紐約客》雜誌，同時是作家、漫畫家、劇作家，敘事風格虛幻、簡潔迷人，七十餘篇諷刺性寓言故事，點出人的種種迷思。這篇寓言在近一世紀後，由韓裔版畫藝術家JooHee Yoon重現。她熟練運用版畫技術，以橙紅與綠雙色套版，創造出令人驚嘆、安靜、蒼鬱、生猛而狂亂的森林圖像，予讀者煥然一新的感受。（陶）

3《A Brave Bear》勇敢的熊

Sean Taylor（文）、Emily Hughes（圖）／ Candlewick ／ 2016

大熱天裡，熊爸爸和小熊一起探險遊歷，想要變得像爸爸一樣高大勇敢的小熊，會發生什麼樣的挫折呢？繪者是艾米莉．休斯，和P.37介紹的《野孩子》也是她的作品，本書中有棕熊，也有許多森林場景。艾米莉．休斯所描繪的棕熊實在太生動可愛，幾張描繪父子間情感交流的頁面，也甜蜜得讓人會心微笑。作者西恩．泰勒身兼作家、老師和兩個兒子的爸爸，在很熱、很熱的巴西發想了這本書，那裡有河流、瀑布和許多清涼的小池塘。幾米的《不睡覺世界冠軍》(大塊)故事也出自他之手。（陶）

8《Deep in the Woods》森林深處

Christopher Corr／Frances Lincoln Children's Books／2015

本書改編自俄羅斯的民間故事〈Teremok〉（小房子），各種螢光色和奇趣造型的動物封面，讓這本書在書架上極度搶眼、過目難忘。畢業於英國皇家藝術學院的克里斯多福·柯爾是一位跨國藝術家，除了兒童繪本他也從事動畫的創作，他認為顏色很重要，對人情感有很大的影響。他使用不透明水彩在義大利或印度的手工紙上作畫，創作的靈感常來自於旅行。手繪的造型樸拙有趣，構圖大膽又奔放，在他的筆下，動物們總是繽紛又燦爛，特別是那些裝飾性十足的眼睛與身體花紋的描繪，讓他的圖像充滿異國的風情。（陶）

7《小貓頭鷹》

馬丁·韋德爾（文）、派克·賓森（圖）／上誼文化公司／1998

1992年馬丁·韋德爾在超市裡和其他顧客圍著安撫一個驚慌失措、啕哭不住、不斷喊著：「我要我媽媽⋯⋯我要我媽媽⋯⋯我要我媽媽⋯⋯」的小女孩，沒有人可以制止得了。二十五年過去，當年的小女孩應該也當了媽媽。本書中的小貓頭鷹比比依然被一代又一代的爸媽孩子所喜愛，因為故事寫出了姐姐秀秀佯裝大人的勇氣，哥哥皮皮學人精的忸怩，和小比比讓人又憐又氣的真性情。功不可沒的當然還有畫家派克·賓森用覷黑背景和縱橫交錯的細密線條，對比出天真無邪的白色小貓頭鷹，和他們的驚懼懸念。（顏）

6《霧中的刺蝟》

尤里·諾勒斯堅 & 索給·寇茲羅夫（文）、佛蘭西斯卡·亞布索娃（圖）／遠流／2016

本書原典是俄羅斯停格動畫大師尤里·諾勒斯堅1975年的同名動畫短片，這僅十分鐘的不朽名作不僅被宮崎駿譽為神作，還曾在2003年的天空之城動畫節，被一百四十位動畫工作者票選為「史上最傑出動畫」。故事內容非常簡單，小刺蝟在拎著果醬去找小熊喝茶數星星，路上被霧中一匹神祕白馬所吸引，接著在伸手不見五指的濃霧森林中有了一段小小的探險之旅。諾勒斯堅的動畫畫面實在是太美了，幾段小刺蝟在林中和不同生物以及大樹的相遇，在在令人屏息。正如本書日本譯者兒島宏子所形容：「這才是真正的詩。美好的詩被鐫刻在這裡，無法用其他的言語代替。」日本福音館2000年時邀請擔任諾勒斯堅影片藝術指導的妻子畫了這本同名繪本，以紙本印刷將這個這個充滿詩意的故事完美再現。（M）

11《14隻老鼠大搬家》
岩村和朗／英文漢聲／2011

「14隻老鼠」系列繪本共有十二冊，故事就是從《14隻老鼠大搬家》開始，描繪老鼠一家三代搬到森林裡，開始新生活。書中描繪他們在林中尋找新家的各種甘苦。有趣的故事背後，本書更像岩村和朗把自己對現代社會的反思，用繪本的形式與讀者分享。現代人太習慣於都市的生活，常會忘記了一些人的本能，忘記了人原本也是在大自然中學習長大，也忘記了生態裡的種種美好。而現代人的自我膨脹，也常因此失去了與別人相處的能力，包括家人。在書中我們看到老鼠一家人在森林中同甘共苦，經歷了我們曾有過、但已然遺忘的生活。也因為岩村和朗本身就從離開都市、移居林野，有著紮實的體驗和經歷，因此這不是一本空談的繪本，而是透過一個創作人的目光，把森林中的點點滴滴，化為故事和畫面。岩村和朗用這樣的美好，不著痕跡地提醒我們，請好好守住還沒有被摧毀的森林。（黃）

10《當熊遇見熊》
安東尼．布朗／格林文化／2015

這是大師安東尼．布朗早期的作品，雖然畫風比後來的創作簡樸許多，但不管是故事還是圖像，都已經可以看到他在繪本裡的幽默與慧黠。他游刃有餘地運用經典童話的哏，於是讀者彷彿成了他的同伴，他只要點到為止，我們就知道了作者後面所要說的話。這樣的默契讓讀者可以一翻再翻，在森林裡面找到許多經典童話的主角。於是我們在大野狼的身旁遠處，會發現小紅帽；在巨人的腳下，會發現青蛙王子；巫婆的後面，則躲著長靴子的貓。因此讀這本繪本可以搭配延伸許多童話故事，主要畫面更顛覆了讀者的既定印象，讓人在其中不由自主地會心一笑。書中的小熊在森林裡遇到不同童話人物，然後用手裡的彩筆畫出驚奇的轉折——其實這更像是安東尼．布朗的自我寫照。布朗手裡宛如有支神奇的筆，總是在圖像裡創造了出人意料之外的精采。（黃）

9《Follow the Firefly & Run, Rabbit, Run!》 跟著螢火蟲&跑、兔子快跑！
Bernardo Carvalho／Book Island Ltd／2014

雙向翻閱的繪本常因書的本身結構，導致故事好像只說了一半的缺陷，少數幾件成功的作品如安．瓊納斯的《逛了一圈》（維京）、田島征三的《從山裡逃出來 & 垃圾，丟啊！》（親子天下）等都成為不可多得的傑作。前者利用黑白對比構圖的圖像設計，表現出旅程的黑夜與白天；後者除了故事巧妙，更運用到日語文字可以直、橫式表現，閱讀時甚至無須翻轉書本，故事一氣呵成。本書則乾脆捨棄文字，左翻的動線跟著螢火蟲穿越森林、沼澤、河流，一路向城市前進；右翻則跟隨逃脫的白兔，一路由城市來到森林深處，每一頁都同時呈現雙向的故事與動線，毫無扞格突兀之感。圖畫風格幽默詼諧，一如作者的另一本作品《誰都不准通過！》（字畝）一樣精采有趣。（陶）

推薦繪本

Part 6

森林中的人們

1

1《森林深處的茶會》

宮越曉子／遠流／2013

炭筆線條勾勒出冬日森林的樣貌，光影與金髮紅帽紅裙的小女孩形成強烈對比，看似明亮的森林，卻因為女孩迷路而蒙上神祕的色彩，大宅、動物、茶會、和充滿歡樂氣氛的森林遊行，作者將許多經典童話的意象隱藏在其中。宮越曉子是近年來日本頗受矚目的繪本作家，從大學時代便開始創作繪本，並屢次獲得日產童話與繪本賞的各種獎項，2009年出版第一本繪本《颱風來了》（青林），最新作品《よるのかえりみち》（夜晚的歸途上，偕成社）更入選2016年波隆納拉加茲獎。（陶）

3《Wild》野孩子

Emily Hughes／Flying Eye Books／2013

這個野孩子有著大大的眼睛、草綠色及地糾結凌亂的長髮，精通鳥獸語，卻被「好心」人士收養回家……奔放的鉛筆勾勒線條、靈活生動的表情，作者艾米莉·休斯的圖畫色彩豐富，描寫的細節很多，不是精緻優雅的那一種，但卻充滿著孩子氣的玩樂氣氛，集可愛、野性於大成。出生於夏威夷的她在英國發展，2012年曾以《Nana Shaped Like a Banana》（長得像香蕉的娜娜）一書獲得麥克米倫倫圖畫書獎第二名，《野孩子》是她的第一本出版品。本書更於2015年代表英國，入選斯洛伐克的布拉迪斯雙年展（Biennial of Illustration Bratislava，簡稱BIB）。本書有香港中文版，書名為《野孩子》（新雅）。（陶）

2《我…有夢》

麥當諾／格林／2011（圖為英文版）

本書原名《Me...Jane》，是2012年美國凱迪克銀牌得獎作品。以珍·古德傳記中的小故事為基礎，用極簡潔的文字與溫暖可愛的圖像，呈現了珍·古德從小的夢想。看小女孩珍如何從大自然裡體驗到奇妙的喜悅，如何被喚醒科學精神，學習觀察紀錄，進而立下偉大的志願，夢想要幫助全世界的動物。作者麥當諾以報紙連載漫畫《Mutts》聞名，繪本中譯本亦出版不少。本書中他使用了印度墨水與水彩，勾勒出本書活潑又精緻的插圖，是件充滿赤子之心的美好作品。（陶）

5《L'enfant Racine》樹根小孩

Kitty Crowther／L'Ecole des Loisirs／2003

森林深處住著一個獨居的女人蕾絲莉。一天，蕾絲莉跟隨著狐狸的腳印來到一個大樹洞前，洞裡傳來哭聲，引發她的好奇。她爬進樹洞底，遇見一個奇怪的生物──「樹根小孩」，打亂了原本的生活……曾獲林格倫文學獎的比利時插畫家克羅瑟，擅長色鉛筆，她在本書中對森林描繪細緻，圖文完美協奏，表現出深切複雜的情感。在世界的邊緣與人群之外，兩個特別且孤獨的生命彼此依存，不完美也不幸福的女主角敞開心房，學習與奇特的生物相處，激發了心底與人接觸的慾望與本能。克羅瑟的中譯作品有《湖畔的安妮》、《我的小小朋友》（聯經）等。（萩）

4《在森林裡》&《森林大會》

瑪麗·荷·艾斯／遠流／1996、2013

荷·艾斯的《在森林裡》是奈良美智最愛繪本之一。荷·艾斯孩提時常獨自在森林中玩耍，此經驗充分反映在其著作上。《在》書創作於1944年，小男孩拿著喇叭走進森林，吵醒了獅子、打擾了小象、灰熊……但大家都不生氣，打扮後跟著小男孩開始散步。這種遊行隊伍的故事趣味常見於經典童話，但荷·艾斯用真切的想像，讓這支林中隊伍充滿溫柔和歡快。書末男孩和動物們玩起遊戲，那種透露著傻氣和源自孤單的單純想望，讓人憶起久遠兒時的自己，既莞爾又想落淚。1953年荷·艾斯續作《森林大會》，大夥比賽誰的本領最厲害，畫面中各動物的表演和表情都令人捧腹。也推薦作者另一本《和我玩好嗎？》（遠流）。（M）

7《大提琴與樹》
伊勢英子／聯經／2014

在伊勢英子的繪本創作中，人與樹的主題占了很大的比重。這一本也不例外，以種樹為業的爺爺帶出人與樹的關係；爸爸則是砍樹製作大提琴的製琴師，他的工作看似剝奪樹的生命，其實卻是賦予樹木另一個不同的生命；而主人翁在森林中，也沉浸在音樂的薰陶裡。伊勢英子淡彩柔美的畫風，正好契合這樣帶著娓娓訴說的故事。作者本身在音樂上的造詣，讓這樣的繪本多了幾分音樂性。幾張渲染奔放的森林頁面，在繽紛的圖像裡，讓人彷彿聽到了大提琴的旋律在耳邊響起。（黃）

6《錫森林》
海倫·華德（文）、偉恩·安德森（圖）／三之三／2002

第一次看到偉恩·安德森的圖，就被他圖像裡細緻的筆觸，柔和的氣氛以及朦朧的光影所吸引。作為繪本裡的畫者，要精準地傳達文字作者文本的意涵，又要讓自己的想法和創意在裡面得到發揮，並非簡單的事。《錫森林》的文字作者海倫·華德本身就是一位知名的繪者，曾畫過《柳林中的風聲》，她卻把圖像裡的詮釋權交給偉恩·安德森，可見她對這位繪者的信任與默契。而且他們的合作不只一次，另外還有《月亮狗》（三之三）和《Twenty-five December Lane》（12月25日巷）等。對讀者來說，看到文字作者和繪者的完美搭配，是一種絕對的享受。（黃）

8《山之生》
立松和平（文）、伊勢英子（圖）／青林／2005

這本繪本顛覆了一般人對於繪本甜美溫暖、甚或單純可愛的印象。故事裡小主人翁從水泥森林的房子暫住到爺爺家，從一座真正森林的家開始。原本想像中爺爺帶著孫子享受天倫之樂的甜蜜畫面在這裡並不存在，爺爺讓孫子看到了山林中的生存之道，看到了生與死之間的奮力掙扎。繪本需要讓孩子這麼早就接觸到人生殘酷的一面嗎？這樣的內容，讓讀者因為自身不同的成長背景和人生體驗，而有不同的理解和感受。這是一本有重量的繪本。（黃）

9《House Held Up By Trees》被樹撐起來的房子
Ted Kooser（文）、Jon Klassen（圖）／Walker／2012

本書為美國國家桂冠詩人暨普立茲詩獎得主泰德·庫瑟為他三十年來天天行經的一棟木造房屋寫下的故事。故事裡有樹木香味和林間童樂，還有煞是好看、年復一年展翼飄飛的種子——「Trees are not easily discouraged, however, and every summer they would send more seeds flying his way.」（然而，樹不輕易氣餒，年年夏日種子揚飛而來。）這本書好看，除了庫瑟和卡拉森共同創造出的醇厚懷舊鄉情，還有我們對小小種子持之以恆從人類手中拿回土地和生存權的嚮往之情。（顏）

推薦繪本

Part 7

台灣
森林繪本

1《三位樹朋友》

吳鈞堯(文)、張大光、楊珮瑤(國、閩語CD錄音)、鄭淑芬(圖)／小典藏／2010

中文的文字因為有象形字，因此多了外國語文所沒有的意象。木就是樹，二木成林，三木就成了森。《三個樹朋友》這個書名一開始就讓我有了對森林的想像。故事的背景是在金門，不過談的並不是戰地風光，而是作者小時候對那裡所曾有的記憶和情感。繪者鄭淑芬用水墨的畫法，細微地帶出屬於那個年代的氛圍。除了當兵，以前大部份的人都沒有去過金門。不過這本繪本裡面的點點滴滴，不管身處在什麼地方，應該都能引起共鳴，包括我在內；畢竟這是很多人小時候曾有過的共同記憶。(黃)

1

3《誕生樹》

陶樂蒂／小魯文化／2012

當我們在享受著現代生活的便利，其實全世界的森林也正一吋一吋地在消失當中。「只要每個人生下來的時候，幫他種下一棵樹，就不用擔心沒有森林了。」這本繪本就在作者陶樂蒂這樣單純的信念之下誕生。不過一件事情的完成，往往就需要這樣無可救藥的天真與樂觀。目前全世界的人口有七十幾億，如果每個人在出生的時候，真的都種下了誕生樹，或許今天世界就會有不一樣的面貌。《誕生樹》這本繪本就懷抱著這樣的種子，希望在每位讀者的心裡，發出一棵希望的小樹苗。（黃）

5《看見台灣大樹》

陳月文（文）、黃崑謀（圖）／遠流／2008

與其說這是一本介紹台灣樹種的繪本，不如說是一個熱愛樹木的繪者，在離開人世前，用他的畫筆留下對這塊土地的眷戀。書裡大部分都是我們所熟知的樹木，有榕樹、鳳凰木和相思樹……等，但他描繪的不只是樹，還有跟這個樹種相關的在地生活。比如榕樹下總有著老者乘涼下棋，談天說地；鳳凰木則是在畢業季紅豔如火；相思樹在當年可是最佳的木炭原材。因此整本繪本不只畫樹，也畫庶民生活。相信不管多少年後，這樣的繪本將依然動人。（黃）

2《我們的森林》

邱承宗／小魯文化／2011

相較於一般的繪本，生態繪本在創作上的難度相對高很多。因為這樣的創作本身就帶有知識性和教育性的意義，不允許有任何的錯誤。因此在創作過程中，需要花費更多的心力作觀察、研究，專注於所要呈現的生態樣貌。這一本繪本對於讀者來說，不管是熟悉台灣動植物、昆蟲的人，或是對這些一竅不通的人，都可以從中看到台灣的動植物和昆蟲之美。而這也是我們就算身處在森林中，也往往會錯失的美景。（黃）

4《台灣鳥四季》

何華仁／星月書房／2010

台灣是物種非常豐富的地方，尤其走在森林裡，總會聽到不知名的鳥叫聲，或是偶爾一瞥陌生卻令人驚豔的美麗鳥羽飛過。不知名或陌生是因為不了解，何華仁的諸多創作，就是透過繪本，讓更多人認識這些美麗的生物。這本繪本從春天開始，隨著季節更迭，介紹著不同的鳥。每隻鳥都保有牠們原有的明顯特徵，卻又突顯可愛的造型和美麗的色彩，搭配棲息的植物或環境。整本繪本看似簡單，其實作者背後對於這些知識的寬度與廣度，遠非我們所能想像。也因為這樣，這本繪本更彌足珍貴。（黃）

7《小樟樹》

蔣家語(文)、陳志賢(圖)/水滴文化/2014

本書初版於1990年，當時不管是關於環保的主題，或是陳志賢入選波隆那插畫展的畫作，都讓這本繪本代表著不同的意義。二十幾年後再次出版，當時環境議題所面臨的困境，今天我們仍須面對。城市裡的水泥森林愈發壓縮了樹木的生存空間，繪本裡小樟樹悲嘆的問題，也同樣無解。不過藝術的價值不受時光磨損，二十幾年後，陳志賢所獨有的著色方式和造型依舊迷人、耀眼。而這樣的圖文或許可以吸引更多人共同來關注小樟樹，以及整個森林的生存。(黃)

6《再見小樹林》

嚴淑女(文)、張又然(圖)/格林文化/2008

故事始於一座都市聚落裡的小叢林，結束於叢林因都市開發被剷除。不過最後在水泥罐車旁，樹根又長出了小枝葉，代表著大自然的生命力和不屈服的精神。這是嚴淑女和張又然於2008年合作的繪本。但十年過去了，都市過度開發的狀況並沒有隨著時代的進步而稍有緩減，反而變本加厲。許多人記憶中都市裡曾有過的樹林，已經紛紛消失。希望書名中的再見不是道別，而是我們有機會再見更多的小樹林。(黃)

9《誰得到好處？森林大宅院的秘密》

周富三、林文智/行政院農業委員會林業試驗所/2015

林業試驗所六龜研究中心多年來在多納林區的常綠闊葉天然林內，追蹤研究印度苦櫧(栲樹)種子如何經由動物取食而成功散播。進而發現只有極少數的種子能夠透過台灣獼猴、赤腹松鼠等動物的散播而發芽成長，大部分的種子都會被吃掉，要從種子長成樹木非常不容易，天然林更是珍貴，需要好好愛護。本書為政府出版品，淺顯易懂地介紹常綠闊葉天然林裡的生態互助現象，附學習單，網路上同時提供免費的電子書下載。(陶)

8《春神跳舞的森林》

嚴淑女(文)、張又然(圖)/格林文化/2003

這本圖畫書很滿，滿滿地想要表達出對台灣、對山川大地、對森林、對動物、對祖靈的關懷與憂心。張又然以本書插畫入選2001波隆那插畫展。圖文創作者之間有一種較勁的意味，繪者在圖裡藏了許多細節，作者不吝多施筆墨形容，是值得慢慢品味細讀的佳作。是否有一天，也帶著這本書，到阿里山賓館樓台的櫻樹下或是神木之間想望曾經在福爾摩沙裡奔騰過的雲豹、山貓、黑熊和梅花鹿呢？(顏)

森林無界線

專訪創作者劉伯樂與陳維霖

採訪——周姚萍　攝影——張震洲

陳維霖(左)和劉伯樂(右)是多年老友，常相偕上山。

春末夏初，陣雨過後的傍晚，山壁上的蕨類植物鋪排出深深淺淺的綠；象牙白的夜合花掛在枝頭，微風送來它因濕氣而更顯濃郁的香氣；懸垂的小樹枝上，胖嘟嘟的雲帶天蛾幼蟲，張著卡通圖案般的假眼，屁股還伸出小小天線；貢德氏赤蛙發出狗一般的吠叫聲，隨後，「哆哆哆」、「哆哆哆」，五色鳥也拋下輕巧鳴響。山的對面，山嵐漸漸搭起霧色帳幕，另一頭，土黃色的土角厝正靜靜地矗立著……

走在這條距離深坑市區僅五、六分鐘車程的茶山古道上，劉伯樂、陳維霖兩位長年關懷生態、能拍能寫能畫的創作者，不時停下來，觀察、討論著樹種、生態。他們是多年老友，總是相偕遊走於郊山與荒野。

紅山椒隨落葉紛飛

對於自然、森林，兩人有著不同一般的看法；他們在陳維霖簡樸的工作室內，侃侃而談起來。

劉伯樂認為沒有人、沒有人文，就沒有自然。長年觀察、拍攝鳥蹤的他說：「許多野鳥喜歡和人類住在一起。人們開闢菜園，吸引來菜蟲，菜蟲再吸引來鳥類；人們種植水果，也使得鳥兒群聚。特別是垃圾多的地方，鳥也最多。」

回應著劉伯樂的觀點，陳維霖也說：「許多人以為我拍青蛙，得跑到很遠的地方，其實，拍攝地點就在我家附近阿婆的菜園。」

陳維霖更提出一個觀點：森林是沒有界線的，台灣到處都是森林，並非渺無人蹤的深山野地，才叫「森林」。國外的森林蘊育出精靈、仙子傳說，也成了童話的根源，然而，台灣的古老故事，卻將森林營造成「魔神仔」出沒之地，難免阻礙大家走入森林；就如同台灣雖四面環海，水鬼的傳說卻成了人們不親近海洋的原因之一。

儘管認為「有人的地方才有自然」，劉伯樂卻樂於徜徉荒野。他以輕柔的語調，描述起一則難忘的體驗：愛在無人之處尋找野溪洗澡的他，一回，在橫貫公路附近找到兩條匯流的山溪，溪旁生長著紅榨槭，當時約莫是八、九月，紅榨槭枝頭的葉子已開始變色，有紅、有黃、有綠，繽紛樹葉落下，漂浮在溪裡，彷彿最華美的浴池，泡在冷冽的水中的他，因而倍覺享受。他邊泡水邊欣賞落葉紛飛，未料，那落葉即將落至水面時，竟向上揚起！原來，他沒戴眼鏡，所以，未看清其實有群紅山椒隨落葉優雅飛下，覓食自水中孵化飛起的小蟲後，又悄然飛昇離去。

在劉伯樂的形容中，紅山椒是種端莊嫻淑的鳥兒；其公鳥身著紅黑衣，母鳥身著黃黑衣，舉止優雅，幾近無聲，也因此，令他一度產生了誤會——一個難忘而美麗的誤會。

抱持尊重之心進入荒野

相對於這如詩如畫的體驗，陳維霖印象深刻的野地故事，帶上了點驚險，那是在司馬庫斯……

一年暑假，在國中帶生態社團的陳維霖，領著孩子上山。那天，他們從巨木群走回部落，遇上西北雨，驚人雨勢中夾雜著雷聲、閃電，有位孩子落後，嚇得直哭。以往，陳維霖要是遇到這種狀況，因擔心孩子的安危，他都會很慌。但這回，由於到達司馬庫斯時，頭目曾為大家舉行過祈福儀式，巨木群又是泰雅族祖靈護衛的地方，加上同行的族人拉呼伊，砍下一根竹子給受驚的孩子當拐杖，因此，負責壓後的他，心情竟十分寧定，得以陪著孩子慢慢走回去。之後，每次他再帶孩子前往

劉伯樂插畫：紅山椒

劉伯樂（左）和陳維霖（右）兩人都有蒐集植物種子的嗜好，本刊封面照就有部分為兩位老師的收藏。

司馬庫斯，一定要求先祈福。

是感受到自然神靈的力量吧！是出自對自然神靈的尊敬吧！於是，祈福，也就成了進入另一領域的慎重招呼方式。

「尊重」，是訪談中陳維霖幾度提及的字眼。「每次，我要前往荒野，一定先儲備足夠走完全程的體力，不半途而廢，因為那是種尊重。」

從書本中閱讀自然

提到平日的閱讀，攝影家星野道夫的作品便是他所熱愛的。述及喜愛的原因時，陳維霖說：「不同於假生態，星野道夫為了拍攝一張照片，可以等待好幾年，就為了透徹地認識物種、認識環境的美。還有，星野道夫走進阿拉斯加等野地時，只帶白米和味噌，卻不帶槍，這是一般人很難做到的。然而，這才是尊重大自然。」

陳維霖的案頭愛書，還有《哥倫布大交換：一四九二年以後的生物影響和文化衝擊》、《槍炮、病菌與鋼鐵》等系列書籍，其中以生態眼光看待歷史發展的角度，帶給他極大的衝擊。他也喜愛葉石濤的散文，高中曾在台南就學的

到了大學階段，於《徵信新聞報》副刊，看到羅曼・羅蘭對同一首詩的眉批卻是：「偉大的胸襟。」

劉伯樂說：「泰戈爾採用的雖然是自然素材，呈現出來的卻是對人的思考。簡短的事實陳述，卻開展出很大的空間，令讀者能各有感受。」

創作就是這樣！劉伯樂強調：創作，絕非要告訴讀者結論或答案，而是給讀者空間，每個人讀了，都可以有不同的感受與判斷。

陳維霖插畫：白條金龜

劉伯樂推薦繪本

《月下看貓頭鷹》

珍·尤倫、約翰·秀能／上誼文化

推薦理由：小女孩跟著爸爸，穿過白雪皚皚的冬夜深林，去看貓頭鷹。繪者畫得很好，令人興起「我也可以這樣畫」的感受。而冰天雪地的冷酷，深深襯托出父親對小女孩那份溫暖厚實的愛。

陳維霖推薦繪本

《森林》*A Forest*

Marc Martin／Templar Publishing

推薦理由：曾經聽一位巡山員講起，颱風過後崩塌的野地要七年的時間才會慢慢恢復原來的地貌。本書畫者用樹木的稀疏、茂盛來表現大自然的更迭，看過日本福島核災後的照片再來比對此繪本，更令人感到人類的渺小。（圖為簡體版）

《森の繪本》

長田 弘（詩）、荒井良二（圖）／講談社

推薦理由：一直以來對荒井良二的圖總是充滿好感，看似毫無章法的塗鴉，卻處處顯現畫者的童心。

《小游和麻煩啊》

ゆうちゃんとめんどくさいサイ

西内 ミナミ／福音館書店

推薦理由：藉由小男孩和森林裡大野狼、妖怪、妖精的互動，巧妙地點出了在團體裡自由和紀律兩者的關係。

《狐狸樹》*The Memory Tree*

Britta Teckentrup／Orchard /Hachette

推薦理由：創作者可以藉由繪本的形式談許多的問題：生死、教養甚至是族群認同；本書談的是一隻狐狸死亡的故事，但隨著大家想起跟狐狸生前所有的互動，讓結局充滿了溫暖與愛的回憶。（圖為簡體版）

《從山裡逃出來·垃圾，丟啊！》

田島征三／親子天下

推薦理由：住在都市的大人或小孩都應該讀一讀這本繪本，然後深深地思考一下：在大自然裡，人類永遠扮演著入侵者的角色。田島征三筆下充滿魄力的畫面，伴隨著無數「逃啊逃」的隨性文字，讓人閱讀之後心情無比沉重。

（上）陳維霖的工作桌。（下）陳維霖推薦的森林繪本（攝影／趙英瑜）。

他，對於文中描寫的台南相關典故，特別著迷。

劉伯樂亦有極為珍愛的書籍：《湖濱散記》與《漂鳥集》。

「《湖濱散記》是作者梭羅的親身體驗，他帶著當時人們的生活習慣和心情，前往無人的湖濱，在孤獨中，用人的角度觀看自然，並反芻於社會層面的思考。」

對泰戈爾的《漂鳥集》，劉伯樂更是順口便落下一串珠玉叮噹：

「螢火蟲對著天上的星星說：『學者說你的光明總有一天會消失。』星星沉默不語。」

「樵夫的斧頭，向樹索取斧柄，樹給了他。」

他說，高中時讀了〈樵夫的斧頭〉該首詩，在眉批上寫道：「好笨的樹。」

不要局限在「繪本」中

說到創作，劉伯樂提起以往的經驗。他說，曾有出版社企畫了一系列書，共有十類，每類要找十位相關專業人士創作出書。一開始，他被歸類為插畫家，然而，他覺得自己喜歡畫畫卻不是插畫家。出版社隨後又將他歸類為自然生態創作者，他還是拒絕了。他因此自問：「我到底是什麼？難道我不能做別的，只能畫畫嗎？我對攝影、建築、雕刻也都很有興趣，以前，我的物理也很強，對醫學亦有興趣，這些範疇我都想嘗試，不想受限。」

像補充著劉伯樂的看法，陳維霖說：「創作，最重要的是有想法，是去發掘感動你的東西。儘管繪本此種藝術型態極具表現性，卻不需一開始就想著『我

劉伯樂經常赴野外觀察、拍照，圖為在澎湖無人島上拍攝野鳥。（劉伯樂提供）

陳維霖（左）和劉伯樂（右）。

要當繪本作家』！創作的發表空間很廣，像伯樂採用圖與文搭配的方式，有些題材則適合用短篇漫畫來呈現，並不一定要將自己局限在『繪本』中。」

從自然景觀中窺見人生哲學

訪談到了最後，關於最愛的「森林」，兩位都還有想說的話。

眼中閃著晶亮光芒的劉伯樂說：「一回，我與兒童文學同好到鴛鴦湖旅遊，當時霧氣氤氳，大夥兒要穿越一片台灣杜鵑形成的森林，當中還生長著紅檜、檜木，由於濕度高，樹幹上爬滿菘蘿，插畫家楊麗玲穿著綠色雨衣，我一轉頭看到她，嚇了一大跳。」

之前，劉伯樂總覺得台灣並沒有孕育精靈、巫婆等童話的森林環境，但在那一刻，他卻見到綠色小精靈活生生在眼前，更驚覺，台灣也有這麼漂亮的森林！從那刻起劉伯樂開始相信，台灣絕對能以森林為背景發展出故事。

劉伯樂手上有一本已進行了六、七年、卻尚未完成的作品，是描繪與已故漫畫家、童書插畫家洪義男攀登大雪山的感受：登山時，洪義男總是背負

《越過山崗：阿里山森林鐵路的故事》
嘉義縣文化觀光局

《五月飛雪油桐花》
桃園縣政府文化局

《濕地》
桃園縣政府文化局

陳維霖

自由插畫家。作品曾獲教育廳金書獎、國立編譯館優良漫畫第二名。喜愛大自然，喜歡騎單車，與野花野草為伍。作品《菱角塘》曾獲教育廳插畫金書獎、《成語漫畫動物園》獲得國立編譯館優良漫畫第二名、《蜻蜓》獲科學類年度十大好書、入選日本福岡Evergreen Marinoa Hotel海報設計。

劉伯樂看陳維霖

維霖很低調、沉穩，是很實實在在的人。比方說，他在從事自然生態相關工作的時候，絕不會信口開河，一定要親眼看到、親自觀察，不確定的事情絕對不講。他也比較客氣，創作上較常和文字作者合作，只擔任繪圖者。我常建議他可以自己寫也自己畫，這樣才能更完整表達自己的想法，很期待看到完全出自他手的圖文作品。

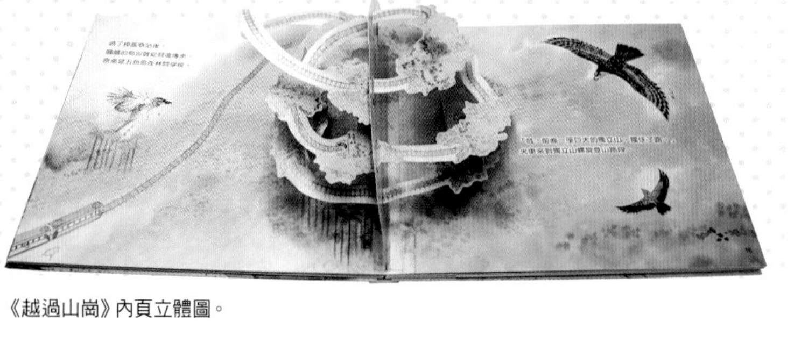

《越過山崗》內頁立體圖。

陳維霖插畫：白紋鳳蝶

劉伯樂插畫：前方為雌帝雉、後方為雄帝雉

最重的行囊，且走得最慢，不似年輕人腳步飛快，但他永遠是第一個登頂的人。圖像與此呼應，上山的路途，由低至高的海拔，森林景觀隨之呈現出多樣的變化，到達最高點，可以發現山頂的樹木高度竟是所有海拔中最低、最矮的。劉伯樂企圖以人生哲學呼應自然景觀，用自然景觀揉合著人生哲學；創作，果真無類別之限。

至於認為到處都有森林的陳維霖，亦深感在台灣發展森林故事，有極大的可能性。他提到：「據說宮崎駿的《魔法公主》，是特地到屋久島找了一片森林來作為背景。那樣的森林台灣就有啊，根本不用找！只要常與森林接觸，累積起足夠的文化厚度，自然能形成創作的根源。」陳維霖目前手上進行的創作是與野地錄音師范欽慧合作的書籍《寂靜山林的呼喚》。

訪談結束後，走出陳維霖的工作室。陳維霖要劉伯樂看看他的陽台，「你看，就是植物最多的那裡。」劉伯樂笑道：「沒想到，你竟能在陽台上種出了蘋婆。」

那一方陽台，或許正回應著：有人的地方，就有自然！

劉伯樂

1952年生於世界上最美的地方──南投縣埔里鎮。小時候常在溪裡玩耍，曾經看見溪魚逆水而上，也砍倒過一棵山櫻花。文化大學美術系在學期間曾獲第一屆「全國油畫大展」特優獎。後任職教育廳兒童讀物出版部，並從事插畫工作。目前從事自然生態寫作及繪畫。出版品屢獲《中國時報》開卷好書獎、《聯合報》讀書人年度好書、中華兒童文學獎、楊喚兒童文學獎等肯定。其中《我看見一隻鳥》榮獲「第三屆豐子愷兒童圖畫書獎」首獎。

陳維霖看劉伯樂

跟伯樂認識已快三十年，感覺他可以很無私地分享他的創作或是野地經驗，他的生態繪畫雖以寫實為主，但巧妙運用許多留白，讓作品充滿了靈性之美。

《野鳥好好看》
玉山社

《我看見一隻鳥》
青林出版

《野鳥的祕密》
信誼基金出版社

《臺灣山林野趣》
幼獅文化

法國 Pop-Up大師

菲利普・UG的立體森林

採訪——MaoPoPo、陶樂蒂、黃郁欽　整理／撰文——陳太乙
攝影——張震洲

《冬日中的木精靈》中的伐木小人生動可愛，歐洲冬日的樹冰景致也栩栩如生。

二〇一七年，台北國際書展請來法國立體書創作大師菲利普・UG（Philippe UG），大師頂著光頭，戴著深框眼鏡，笑容滿面，目光和藹，卻透著一絲銳利：那是自信，甚至自傲。他講話速度不快，但滔滔不絕，不等你問就替你畫好重點。一九五八年生，創作立體書二十餘年，作品超過兩百本，不知該說他是可愛爺爺還是臭屁大叔，可以確定的是，他是頑童一名：在紙張的森林裡上天下地、靈活穿梭的大頑童。

「我喜歡城市，也非常喜歡大自然，那些花啊，樹啊……」UG說得理所當然。的確，大自然包羅萬象，不但是色彩、形狀、線條、層次等表現手法的寶庫，也是提供觀察、探索、發現的遊戲場。透過台灣麥克這次引進的四冊作品，我們得以一窺UG如何把玩森林題材，結合手藝與科技，創作出前衛、可喜又有寓意的立體書。

冬日中的木精靈

只有經歷過森林冬日的人才懂得，冰天雪地的日子是多麼地漫長。尋找冬末的信號，其實源自深沉的渴望：渴望光、色彩、聲音、動態……而《冬日中的木精靈》這部作品不但表現出這些渴望，也一一予以滿足：皮影戲般的小精靈，裝幀的布置，在燈光之下，形成更漂亮的光影錯落。黑白世界裡，枝頭雪地上的幾抹綠意真令人欣喜。精靈們呼喊歌唱，打破寂靜，隨笛聲起舞，在林間捉迷藏，跨過冰雪融化形成的小水流：冬日的尾聲近了。

故事起源於UG的一場親身經歷。某個聖誕節假期前，他的鄉間木屋附近下了一場暴風雪，把門前小徑上的四棵大杉樹吹倒，阻擋了車子進出。結果那年他得到了孩提時就夢想的禮物：電鋸。鋸著鋸著，木精靈的故事就誕生了……

「這本書就像一首歌。」UG解釋，還一邊唱了起來。「每一頁都有像副歌一樣的重複段落，並加入一點新的元素。像是多一個小精靈，換一種不同的樹木……」在UG的立體書中，驚喜與層次不僅來自巧妙的機關，往往也藏在圖像和故事裡。「我不僅為小孩設想，也為大人設想。」例如，女精靈這個角色其實隱含著兩性差異與互補的情況：女孩不如男孩健壯，只能撿小樹枝，出的勞力少，卻懂得運用智慧，吹奏音樂指揮眾男孩工作，而且發現冬日結束的也是她。「砍大塊木柴比較累，生火時卻要靠小樹枝才能點燃。」UG意味深長地說出故事的深層寓意。

故事→圖像→立體

UG的創作流程是先有故事，然後思考圖像，最後才設計立體表現。「立體不是最重要的部分，但我從不做平面書，一定要有立體。」這話乍聽之下弔詭，經他進一步說明，才知道臭屁大叔的內心確實住著一位智慧老爺爺。「立

《冬日中的木精靈》立體書，每一頁都令人驚嘆。

2017台北國際書展的展覽中，UG展出了多本書中的立體紙藝作品，左為《蝴蝶祕密花園》，右上的蘑菇是2017年將出版的新作品。

體書首先必須是原創書，立體的設計要與故事連結，而非衍生物或其他東西的附加品。」幾年前流行所謂的「隧道書」（tunnel book），他也曾製作了幾本，很美，他也很喜歡，但他終究認為「隧道書不是書，沒有故事的立體書不是立體書的未來」。

相較於英美立體書的華麗繁複，法國立體書似乎偏向玩視覺。原因之一是歐洲書籍的製作成本高，於是，減少裁切的數量，轉而提高藝術性成為趨勢。比方說，打開《蝴蝶祕密花園》、《快樂鳥》、《機器人不喜歡下雨天》這三本書，蹦出來的炫彩繽紛何嘗不叫人心滿意足？不過，仔細觀察就會發現：其實每本書各有屬於自己的線條：蝴蝶翅膀與花瓣的圓弧，鳥羽和草葉的曲線，機器人及車輛，房屋的方形……UG並不認為立體書的機關設計得愈複雜愈好，反而為每本書設定單一的幾何主題，用同一種剪裁的紙片去創造不同的角色。「我喜歡簡單。」簡單，卻變化無窮，同時彌漫獨特的法式前衛。

他自己編寫故事，利用電腦構思圖像，設計並模擬機關的運作；並且包辦絹印、裁切、裝幀等手工製作。從向量製圖到美工刀，科技與傳統互無違和。「紙是古老的發明，卻能應用在最現代的創作。」柯薇塔（Květa Pacovská）與庫巴斯塔（Vojtěch Kubašta）是他的啟蒙偶像，他對早期兩位捷克大師的精緻工藝讚嘆不已。《大爆炸》（Big Bang）這本書即是他從古典童書擷取靈感，以現代科技向經典致敬的作品。完成後，他發現自己不經意間做出了與庫巴斯塔一樣的星星，那是他投身立體書創作最感動欣慰的一刻。

前輩看後輩——《大野狼》獨家小八卦

UG是這樣一位「全方位」的資深立體書創作者，當他知道本期《大野狼》也恰好訪問了路易斯・里戈和阿努克・博伊斯羅伯特這對法國立體書後起之秀（見P.52），臉上不禁流露出微妙的「大師風範」。

「他們的年紀可以當我的孩子了，不過我們是朋友。」UG嘻嘻哈哈地用法文半開玩笑：「他們小，我大。」（Ils sont petits, et moi, je suis grand.）「他們做的東西小，人物小，尺寸小；而我都是做大的，雖然我也喜歡小東西，但是，對

UG帶來的立體書，右上和右下圖為《大爆炸》，左下圖為UG為讀者簽名。左上圖為展出的《蝴蝶祕密花園》書中一景。

我來說，Pop-up是驚喜；他們的是『啵啵』（小驚喜），我的則是『蹦蹦！』（大驚喜）……所以他們對我很尊敬。」話雖如此，UG還是趕緊再次強調：「不過我們是好朋友。儘管分屬的出版社算是競爭對手，但我們作者之間仍會彼此交流，甚至告知對方自己正在進行哪方面的計畫，避免撞主題。」而UG也說，同業之間，唯有對里戈夫婦，他會分享電腦繪圖的心得。

「立體書的完成品光鮮亮麗，但創作過程很髒。」UG這樣形容自己工作時的狀態。我想，正因為他從零到有，一切親力親為，才有資格發出這樣的感嘆。而這所謂的「髒」，想必就是大師的魔法吧！

重新打開《冬日中的木精靈》，除了更能享受其中的美感樂趣，還多了些哲學上的領悟：將來自森林的紙化身為精緻的紙雕森林，不正是人類透過藝術將大自然生命昇華的美妙表現嗎？立體書，真是一首多維空間的詩。

菲利普．UG的中譯作品

《冬日中的木精靈》
《蝴蝶祕密花園》
《快樂鳥》
《機器人不喜歡下雨天》
（以上皆為台灣麥克出版）

法蘭西立體書的優雅搭檔

專訪阿努克・博伊斯羅伯特 & 路易斯・里戈

採訪整理——林幸萩、陳太乙、MaoPoPo

圖片提供——Louis Rigaud & Anouck Boisrobert、青林

右：阿努克設計的海報「用八十本書環遊世界」（Le tour du Monde en 80 livres）。
左：《樹懶的森林》內頁。（攝影／張震洲）

立體書風潮近年席捲全球，阿努克·博伊斯羅伯特（Anouck Boisrobert）和路易斯·里戈（Louis Rigaud）這對來自法國的立體書設計搭檔以主題、風格互異的三本立體書讓台灣讀者眼睛為之一亮。結合色塊、空間、幾何線條，以及切割的概念令人驚異，同時又透出纖細和優雅。兩人的代表作之一《樹懶的森林》絕對是森林立體書中的佼佼者，這次兩位作者也慷慨答應透過e-mail接受《大野狼》的訪問，談創作，也談閱讀。

（下文Q代表《大野狼》，A代表二位受訪者。）

Q 二位如何走上創作立體繪本之路？

A 阿努克在巴黎艾思謙高等藝術與工業學院（l'école Estienne）修習插畫，之後我們一同就讀於史特拉斯堡裝飾藝術學院（Arts Décoratifs de Strasbourg）。在那裡我們跟著一位紙藝工程師學習，發現了立體書這個領域。於是我們創作了《Popville》（蓋房子，建城市）一書，由法國Hélium童書出版社出版，此後我們持續與該出版社合作了其他書籍。

Q 可否描述一下你們平常的創作過程，如何設計每一本立體書中複雜的圖文與機關交錯？

A 我們一開始就會仔細思考要做的這本書的每一個面向，從主題搭配的機關模式出發，當然還有敘事（故事）和圖像風格，以求整體連貫統一。立體書的技法必須配合主題和故事，絕對不該毫無根據。首先，我們會做空白模型，也就是以鉛筆打草稿，加上簡單機關的初稿樣本；接著，我們會修飾故事和翻頁的連續性，完成插畫繪製；最後，畫好立體機關的版型，寄給印刷廠印製。

Q 對你們來說，立體繪本的魅力是什麼呢？

A 立體書有一種魔力，不管大人或小孩都會受到吸引。我們喜愛簡單的立體書紙藝技法，什麼也不隱藏；

路易斯·里戈（左）和阿努克·博伊斯羅伯特（右）。

阿努克2009年的畢業作品《Loulitu》。

大家可以看到打摺處、黏貼處，而且所有東西都能立起來，就像變魔術一樣。

Q 可否描述一下「紙」這個媒材最吸引你們的地方？

A 紙是非常容易取得的材料，也是每個人日常生活的一部分，所有人都能輕鬆簡單地使用紙材來工作或創作。而且紙材在創作上可發揮的空間無限寬廣。

Q 製作出版立體書需要和編輯、印務人員及負責加工的廠商密切合作，可否談談在法國的出版經驗？

A 是的，製作立體書，出版社及其編輯團隊很重要。沒有他們，我們的書永遠不可能有現在的發展。我們的編輯會密切關注我們的工作進度，但她從來不會強制指定主題或故事類型，每一次都是我們帶著自己構想的計畫去找她。她非常了解我們，透過草稿模型，很快就能看出作品的優點或哪些想法其實無關緊要。我們同心協力，讓作品呈現出最重要的本質。她也替我們規畫出版日期，否則我們恐怕很難把書徹底做完。

1

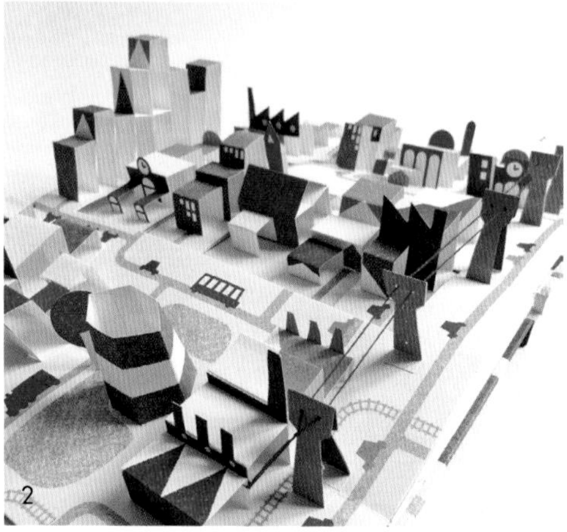
2

3

4

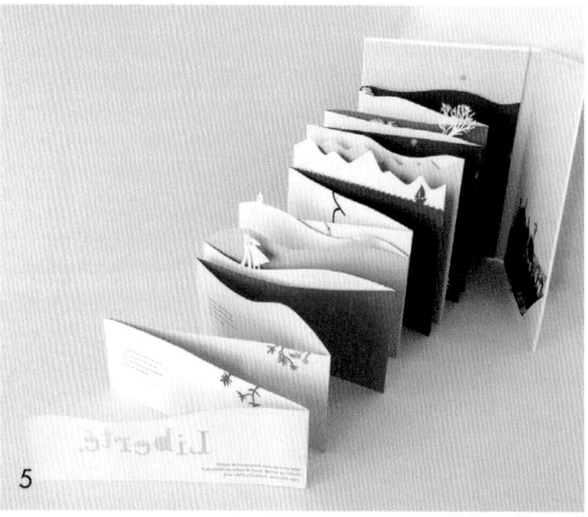
5

6

Q 可否談談你們童年和青少年時期都閱讀哪些書？路易斯．里戈提過他很愛美國恐怖小說家洛夫克萊夫特（H. P. Lovecraft）和懸疑驚悚作家愛倫．坡（Edgar Allan Poe），可否多聊聊這部分？

路 我小時候很愛玩，讀很多遊戲書，或是把讀者設定成主角的那種書。我也喜歡沉溺在與動物、植物相關，或自己動手做等帶有科學性的書籍中。的確，到了青少年時期，我閱讀洛夫克萊夫特這類作者的奇幻小說，同時也特別喜愛愛倫．坡的中短篇小說，因為那些小說以科學為靈感，製造奇幻的效果。其實，這有點像立體書，在敘說故事的同時，也呈現奇想或魔法，但可以用非常簡單且實際方式來解釋。

阿 我在童年和青少年時大量閱讀繪本、漫畫和小說。大多是有點老派的讀物，例如《The Famous Five》（台灣曾有兩種譯本：《五小冒險系列》和《智仁勇探險小說》）、《丁丁歷險記》（親子天下）、《小淘氣尼古拉》（晨星）……不過最特別的是，我奶奶告訴我許多希臘神話故事。我很早就有創作自己的故事的欲望。而在青少年時，我讀到兩位童書繪本作繪家，她們讓我嚮往走入繪本這個行業，這兩位是：莉絲白・茨威格（Lisbeth Zwerger）和柯薇塔（Květa Pacovská）。

Q

二位在工作坊和讀者實際接觸時，是怎麼樣的情況？成人和兒童讀者反應有不同嗎？

A

在帶工作坊時，不論是小孩或大人都能在很短的時間進入狀況，因為立體書的基本技巧真的很容易上手。而技巧雖簡單，卻也能發揮許多創意。立體書結合技術和創意兩種面向。所以，即使只是一場工作坊的時間，就能讓參與的每個人從中找到表達自我的方式。

Q

看到你們展覽的照片非常炫，概念從何而來？想要傳達什麼書本做不到的概念？

A

法國中部的維勒班市（Villeurbanne）的童書節邀請我們策畫一場展覽。我們之前就想過可以將立體書的尺寸放到很大很大，那次剛好有機會能嘗試。我們的目標是讓讀者能走入書中，便將《樹懶的森林》製作在

7

10

9

8

相當於兒童高度的屏風上，而且樹懶可以在樹林中移動。這次展覽的策畫過程很複雜，大尺寸紙張的機關反應跟書本完全不同。

Q

對有志從事繪本創作的新人有何建議？

A

阿努克和我都是從童年時期就開始畫畫，我認為繪畫是一項培養創意的最重要工具。印象中，藝術學校裡比較少教繪畫，但這是所有創作領域的基本功夫。

圖說：

1～3. 路易斯和阿努克2009年的作品《蓋房子，建城市》，左為設計時的模型初稿，中間為成品，右為書封。

4.《彈指間，認識法文字》。

5. 兩人2011年根據法國詩人Paul Eluard的名詩〈自由〉所創作的立體書。

6. 兩人2015年系列三書中的《兩隻蝦子》。

7. 2013年在維勒班市展出的巨型立體森林。

8.《出發吧，海洋號！》的大型立體展。

9-10. 在庇里牛斯山的古黑特（Gourette）滑雪場，展出超美的熱帶花卉紙雕塑。

1.《樹懶的森林》內頁；2.《出發吧，海洋號！》內頁；3.《那是我的帽子》內頁（圖3攝影／張震洲）

關於《樹懶的森林》

Q《樹懶的森林》找了文字作者蘇菲‧史崔蒂合作，請談一下緣由和過程？

A 在這本書中，我們的創作原本是無字故事，已經有劇情和連貫的畫面，與《蓋房子，建城市》一樣，沒有文字，全部是圖像。我們的編輯建議加入文字，可以讓故事更清楚明朗，同時讓閱讀速度變慢。這也能讓讀者將自己投射成為書中的樹懶，設身處地把自己當成森林居民的一員。

Q 關於《樹懶的森林》和《出發吧，海洋號！》，在機關設計上有許多超越傳統立體書的設計，請問過程中有哪些困難挑戰？

A 每一次，我們都希望製作技術的意義是發揮在書的主題上，因此我們不會拿一種現成的技法應用在某個故事上。我們會找出一種原創技法，有時候得耗費很多時間來做精密的調整，才能順利運作。紙藝工程師貝爾納‧杜意錫（Bernard Duisit）協助我們微調立體層次，

兩人經常受邀指導立體書工作坊，上圖為在比利時那慕爾（Namur）的工作坊。

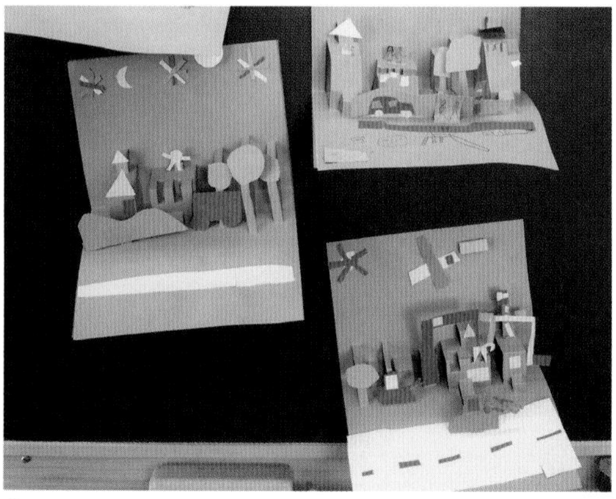

帶領法國四年級學生所做出的立體作品。

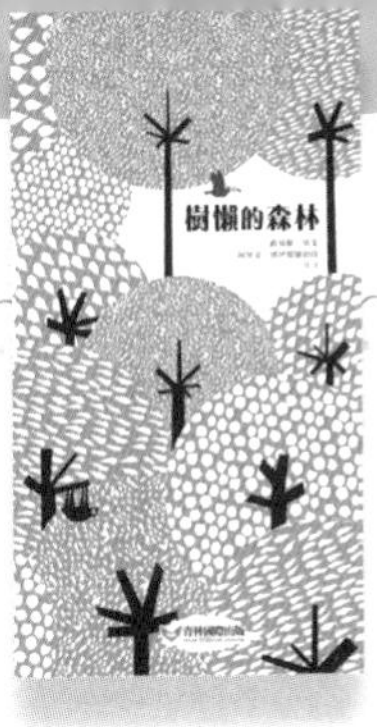

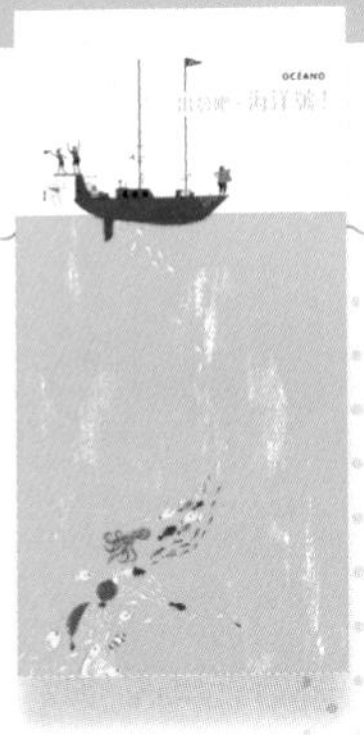

阿努克 & 路易斯共同作品

中文版：

《樹懶的森林》
青林／2015

《出發吧，海洋號！》
青林／2016

《那是我的帽子》
青林／2016

兩人的網站都很精采：
anouckboisrobert.fr
ludocube.fr

其他：

《Popville》 ***蓋房子，建城市***
Hélium／2009

《Tip tap : mon imagier interactif》 ***彈指間，認識法文字***
Hélium／2011

《Liberté》 ***自由***
Paul Éluard（文）／Flammarion／2012

《Une hirondelle》 ***一隻燕子***
Hélium／2015

《Deux crevettes》 ***兩隻蝦子***
Hélium／2015

《Trois fourmis》 ***三隻螞蟻***
Hélium／2015

製作成品。但從《出發吧，海洋號！》開始，我們自己處理這部分的工作，花了我們許多時間，但也讓我們更了解製作程序和其中的各種限制。

Q 探討環境保護、護樹的繪本非常多，二位創作時，除了立體表現方式外，是否思考有別於以往的內容呈現？

A 製作此書時，我們想把「森林濫墾」這個議題當成對上一本書的回應。在《蓋房子，建城市》這本書中，城市一頁一頁被建立起來，《樹懶的森林》則是森林一頁一頁被摧毀。很多讀者將環境保護視為我們的作品主軸，實際上，雖然這的確是我們十分關懷的主題，但我們並不希望作品被局限在生態層面，而希望它們能成為一種媒介，引發人們去討論這些議題。

Q 本書主角設定為樹懶，有特別的意義嗎？

A 在法文裡，樹懶（paresseux）這個字同時也有形容一個人懶惰的意思。樹懶是亞馬遜雨林區特有的生物，牠只居住在這個區域。這個角色也顯示出人類面對森林和地球的危機卻毫無作為。

Q 書內有一頁是一片荒蕪後，一拉機關，小樹苗冒出來，這頁尤其令人感動。請談一下此頁的靈感？

A 構思故事結尾高潮可說是一件最麻煩的事。破壞之後，燃起可能重生的希望。在此我們選擇放置機關，有兩個理由。首先是強調閱讀中的兩個階段：空無一物，接著是冒出小樹芽。同時也強迫讀者去行動。史上第一次，他們不再只是觀眾（如同樹懶看著森林漸漸消失），而是成為書中的行動者，必須多做一個動作，才能停止破壞。這是一個好例子，恰好說明我們嘗試用立體書做什麼事，也就是說，呈現立體藝術在故事中的意義。

Q 這本書出版後，最令你們印象深刻的回響是什麼？

A 因為這本書，我們受邀到新加坡分享創作，還去了法屬圭亞那，因此親眼見到了亞馬遜雨林，還看到了一隻樹懶呢！

阿努克 & 路易斯推薦書

1 **《小樹》** *Little Tree*
駒形克己／One Stroke／2008

2 **《2隻眼睛？》** *2 yeux?*
露西・菲莉克絲 Lucie Félix／格林文化／2014

「一本很美且敘事靈巧的書，紙張與形狀的搭配相得益彰。」

3 **《我愛你》** *Jeux t'aime*
Carole Appert、Raphaële Vidaling 等／Editions Tana／2009

「這是一本非常不可思議的立體書。有五個跨頁，主題是愛情，書中的各種觀點和彈跳機關都非常有創意。」

3

1

2

（攝影／張震洲）

1 實地觀察

蜻蜓

白頭翁

青斑蝶

鉛色水鶇

創作自然插畫

文、圖、攝影──陳和凱

要繪製自然或生態插畫，除了繪畫的技術和美感之外，更重要的是熱愛大自然，平時就經常去野外，觀察動植物，蒐集材料。最後在案頭才有可能順利完成一張描繪大自然的插畫。

2 寫生速寫

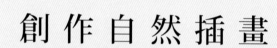

4 完成圖

夜鷺

3 創作

走最少的階梯 上硬漢嶺

文、圖——吳佩蓁

「觀音山」坐落於淡水河西岸、八里和五股之間，為一座休火山，主峰標高六一六公尺。由淡水、關渡一帶遠眺，彷彿一尊仰躺觀音而得名。山上規畫六條登山步道，各有不同特色，分別為福隆山、牛港稜、硬漢嶺、尖山、楓櫃斗湖及牛寮埔登山步道。每年三月初至五月底為賞鷹期，以鷹、隼等猛禽類居多。

山櫻花

花期：一～二月，
果期：三～四月。
果實是鳥兒的食物。

往凌雲禪寺

姑婆芋
花期：三月～七月，漿果紅色。
葉子表面光滑，莖有劇毒供藥用。
小刺蝟，硬漢嶺上的風景雖美，卻要爬很多階梯，累死人了。

綠竹筍
產期：五～十月。
累死人的階梯

終於有平路可以喘口氣了
往五股、林口

土石產路
硬漢嶺步道
累死人的階梯
往凌雲禪寺

不在規畫步道內且無指標，雨天泥濘濕滑，是昔日整修硬漢嶺時所開之產路，現已廢棄。入口在民宅後方階梯前，有一敬告遊客標示牌，左轉進小路，向右過兩根小鐵柱，沿山腰之字坡道向上，沿路有多處右上小徑，是綁拉繩的陡峭捷徑。

從觀音山遊客中心旁的木棧道向上走，即可通往楓櫃斗湖步道口，是抵達硬漢嶺的最短路線，坡度也較陡峭。

北

硬漢嶺

因昔日憲兵學校曾在此訓練「硬漢精神」而得名。硬漢碑後側的觀景台擁有開闊的視野，可遠眺大屯群山、欣賞淡水河與基隆河會合的S形曲線、台北盆地及台北的重要地標都看得到，夜景更是叫人流連忘返。除此之外，還可觀看台灣五大地形區，是北台灣地質地理最佳的戶外教室。

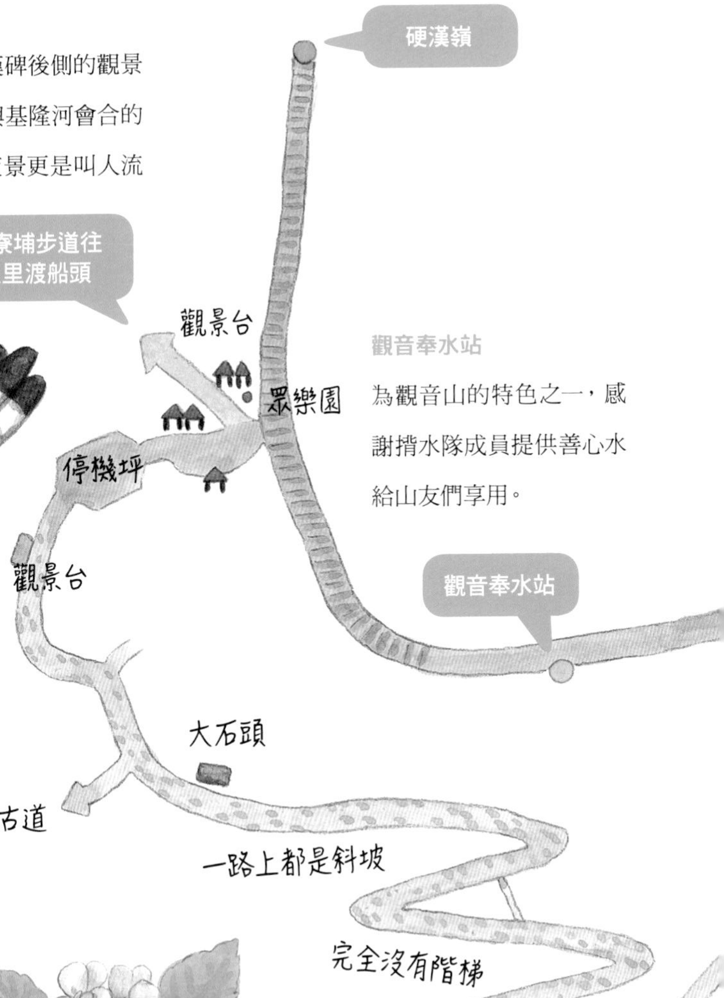

觀音奉水站

為觀音山的特色之一，感謝揹水隊成員提供善心水給山友們享用。

大冠鷲

筆筒樹

嫩芽可食用，莖幹下半部的氣生根削下後可種植蘭花，稱為蛇木。

繡球花

花期：六～八月，整株植物有毒，莖葉毒性較強。

雀榕

花期：七～十月，小花長在一顆顆的榕果之中，果實是鳥雀的最愛。

華八仙

花期：二～四 月，白色的萼片吸引昆蟲注意，中間小小的才是真正的花。

天母水管路步道

文、圖—林春華

踅過熱鬧的天母商圈，轉進巷子就有一處幽靜的步道可直通陽明山，是很適合台北人一日踏青的休閒步道。

天母水管路步道全長約二點六公里，前身是日治時代草山水道系統的水管路。一九二八年，日本人在上游發現「陽明湧泉」（第三水源取水井），於是興建水廠，以巨大水管輸送水源下山。一九三一年，日人續利用調整井和三角埔發電所之間的二〇九公尺落差進行水力發電。從登山口到調整井，約有一千三百多階階梯和黑色大水管，沿途常見台灣獼猴蹤跡和豐富的自然生態。

以台灣常見植物為例，步道沿途有樹皮剝落、樹幹光滑的九芎（又名猴不爬）；開淺黃綠色小花有淡淡清香的樟樹；滿樹火紅、豆莢長而扁的鳳凰木。冬天還有不輸楓紅的烏桕，是東方長吻白臘蟬的最愛。三、四月時，相思樹開滿黃花，但不結紅色相思豆。春天來臨，紅楠（又名豬腳楠）的紅色芽苞掛滿樹的枝芽。步道某一段的潮濕山壁上長著可愛的團扇蕨，美麗的毬蘭常會掛在其他樹木上。沿途常見姑婆芋結著鮮紅果實，吸引昆蟲、鳥類來覓食。

走累了佇腳歇息一下，此時不妨把耳朵貼在黑色大水管上，閉上眼聆聽一會兒隆隆水聲。再抬起頭，偶爾傳來五色鳥「叩、叩、叩」的叫聲，像寺廟敲木魚一般有禪意。

漫步水管路步道，途中、樹上亦可見一種紅、黑相間的大型馬陸，顏色相當豔麗顯眼，這種馬陸有個奇怪的名字叫「浙山蛩」，受驚嚇時會縮成圓球來防衛。大家熟悉的姑婆芋，仔細看：葉子上是否爬著殼上有毛的台灣盾蝸牛？此外，蝴蝶、昆蟲、蛙類、蜥蜴、台灣獼猴等也都是步道常客。

過了調整井，到陽明天主堂這段是約一點六公里之平緩古道，平坦易行走，有涼亭可休息。之後也可選擇走往翠峰瀑布（從打印台往下），或直行到第三水源取水井，續往陽明天主堂出口，如此便完成一趟輕鬆愜意、遠離塵囂的一日步道行。

小提醒：

在步道上看到獼猴時要如何反應？

- 不要餵食或留置剩餘食物。
- 不要顯露出害怕的樣子，不落單，鎮靜通過。
- 不直視獼猴眼睛，避免大動作和發出聲音揮手等。
- 若要拍照觀察，請保持五公尺以上距離，勿用閃光燈。

背椿象(右) &若蟲

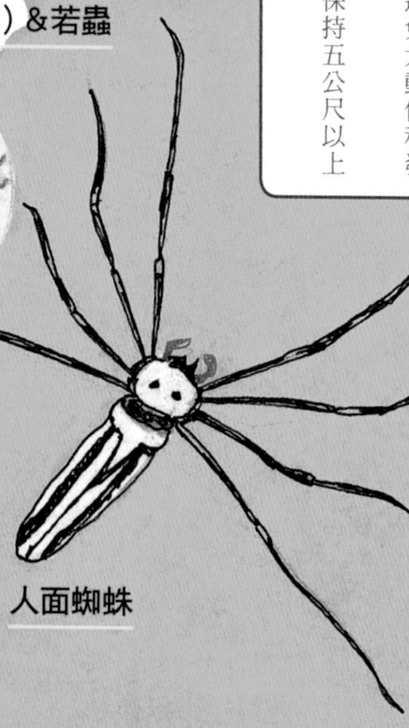

人面蜘蛛

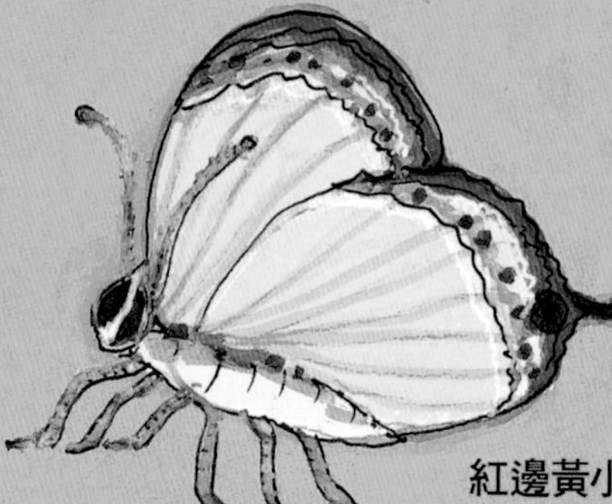

紅邊黃小灰蝶

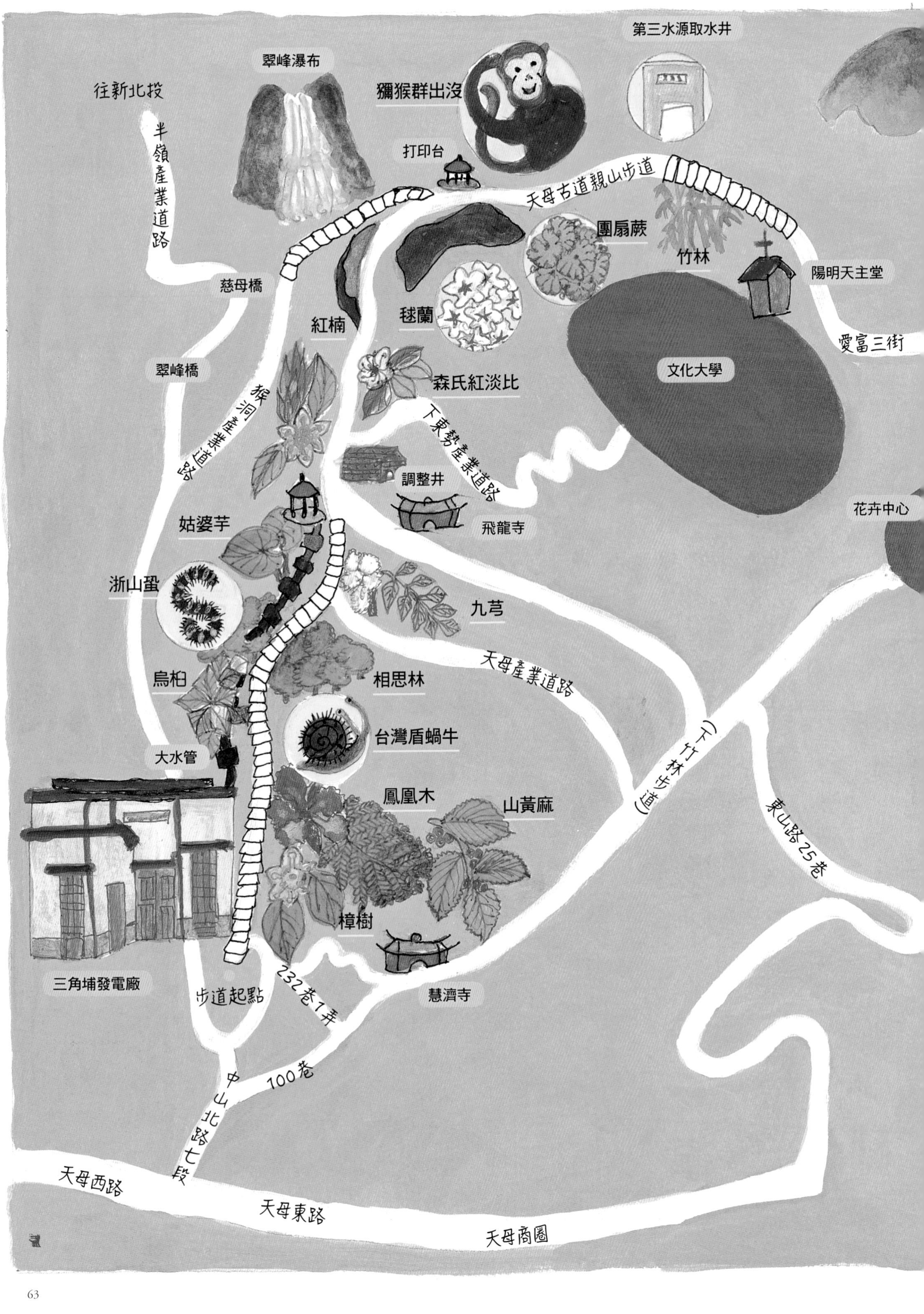
第三水源取水井
翠峰瀑布
往新北投
獼猴群出沒
半嶺產業道路
打印台
天母古道親山步道
團扇蕨
竹林
陽明天主堂
慈母橋
紅楠
毬蘭
愛富三街
翠峰橋
森氏紅淡比
文化大學
猴洞產業道路
下東勢產業道路
調整井
飛龍寺
花卉中心
姑婆芋
浙山蜑
九芎
天母產業道路
烏桕
相思林
（下竹林步道）
台灣盾蝸牛
大水管
鳳凰木
山黃麻
東山路25巷
樟樹
三角埔發電廠
步道起點
232巷1弄
慧濟寺
中山北路七段
100巷
天母西路
天母東路
天母商圈

在芬多精中醒來的童書們

台南也有森林圖書館

文—蔡明原　攝影—陳伯義

台南市圖總館兒童閱覽室
ADD：台南市北區公園北路3號
TEL：06-2255146
URL：www.tnpl.tn.edu.tw
FB：搜尋南市圖

一九一七年開園，曾經是熱帶實驗林的台南公園，園中一百六十餘種、近千棵的大小喬木灌木，構築了這座蒼鬱的都市森林，台南市圖總館位於公園西北側的一隅，二樓是兒童閱覽室。走進寬敞的閱覽室，映入眼簾的是一長排明亮窗戶，窗外樹影搖曳，彷如置身林中小屋，令人心情舒朗。也因此，大家都暱稱此地為「森林圖書館」。

這兒是許多台南親子家庭最喜愛的公共空間之一，館內童書繪本藏書豐富，畫有一幅大大的芒果樹的牆面非常受到小朋友歡迎，因為每週定期的說故事活動就在這裡舉辦。閱覽室還有很多貼心處：清爽宜人的閱覽區地板和兒童高度的沙發、座椅，適合沉浸在書本中的小朋友坐或臥；館中每個樓梯轉角，被布置成舒適的閱讀區，有充滿綠蔭的落地窗與沙發，可以看看大樹，休息一下眼睛。

推廣「親子共讀」的概念一直是台南市圖總館努力的方向。這一兩年台南市圖總館經常舉辦「手作」相關活動，小朋友對於「動手做」總是興致高昂，像是卡片裝飾、圖書繪製……等。

台南市圖總館也經常配合社會脈動和需求來規畫閱讀活動，試圖從更多層面關照兒童的心靈。例如二〇一六年初美濃大地震，台南災情嚴重，災後南市圖便和相關單位合作舉辦了「翻轉逆境、閱讀療癒」系列活動，針對生命歷程、家庭重建……等主題，開出了一百多本的繪本書單，舉行書展，如《媽媽的紅沙發》、《阿迪和朱莉》、《熊與山貓》……這種「書目療法」是一種緩而深的心靈重建與撫慰，採購組組長郭妮娜表示此時「不宜用太艱深的書籍，而是大家都能看得懂的」，繪本成了最適合的作品類型。

提及繪本，台南市圖總館繪本館藏有兩個特色專區，分別是「英語繪本區」和「台南主題繪本區」。前者方便讀者找尋英語內容的繪本，後者則蒐集了台南市和各個機關合作出版的繪本，如《安平古堡》、《台南遊》、《小松鼠與老榕樹》……因此在「台南主題繪本區」內瀏覽一圈，就彷佛經歷了一場台南的人文、歷史、自然地理的洗禮。

台南市圖總館在繪本的選擇上，首要以國內外得獎作品為選書標準，如讀者熟悉的美國凱迪克大獎、英國凱特格林威大獎、安徒生大獎，以及國內的好書大家讀、信誼幼兒文學獎……等。圖書館會先購入這些精采的得獎外文好書，讓讀者可以先睹為快，也能親手觸摸到國外繪本的精美紙質和印刷。當然若有中譯本出版，也會一併納入。此外，圖書館也會參考一般讀者喜好，以及讀者推薦來作為選書參考。

在兒童閱讀區內除了心靈得到滿足之外，累了望向窗戶就會看見挺拔的林木揮動、搖曳著樹梢跟大小讀者打招呼、為他們加油：這是這座被森林環抱的圖書館和讀者間的小祕密。

BOLOGNA CHILDREN'S BOOK FAIR

illustration_吳欣芷

童書界的聖地麥加

如魔境歷險的波隆那兒童書展

文——小史
圖片提供——MaoPoPo、台北書展基金會、吳睿哲

哇！好漂亮的橘子！

橙豔豔的橘子像小山丘布滿了簽名桌，圍觀的群眾對年輕女孩指指點點，「啊哈！原來是插畫家把剖半的橘子當水彩筆，隨興在紙板上畫畫兒，送給排隊的粉絲……」站在加泰隆尼亞展館前，正是我的波隆那初體驗。

一趟波隆那書展就像是魔境大冒險，全世界有才的插畫家到這兒大展身手，每件作品就是魔術表演，令人目不暇給；即使看不懂克羅埃西亞文、即使搞不清拉脫維亞在地球哪個角落、即使展場內貴桑桑火腿三明治怪味叫人食欲低落，春天櫻花綻放時，你就會想來看一看，世界各地有趣的童書繪本，下蛋似地蹦蹦蹦冒出來。

波隆那兒童書展（Bologna Children's Book Fair）始於一九六三年，超過半世紀的歷史，地位等同麥加：不僅是全球童書出版人一年一度的盛會，更是童書創作者、出版專業人員、插畫工作者交流學習、觀摩參訪，甚至是將創作者推上國際舞台的最佳場所。波隆那書展的標語「The "rights" place for children's content.」，恰如其分說明這是童書界推廣版權最重要的交流平台。

為什麼全球插畫家心心念念朝聖波隆那？除了插畫展和版權交易，這個展覽還有啥新奇？

1. **伯樂尋找千里馬**：每年七十多個國家、超過一千二百間童書出版社來到這兒，開開心心地談生意、慢慢吞吞地享受肉醬麵……大出版社的門口，有一長排扛著作品等待鑑賞跟評點的藝術家；五光十色令人眼花撩亂的「插畫家之牆」（Illustrators' Wall），張貼了數以千計的潛力之星，在這個書展裡一點也找不到無聊。

2. **新媒材與新創意相見歡**：二〇一六年台灣館打造幾米作品《我的世界都是你》VR體驗室，只要戴上特殊的眼鏡，就能掉進兔子洞，變成一個全新的人；當時瓜達拉哈拉書展執行長大呼神奇：「『體驗』這個名詞被賦予了全新的意義！」二〇一七年，「台灣繪本美術館」更上一層，波隆那書展執行長參觀牆上的作品後驚歎：「FANTASTIC!」

3. **「噓～別告訴大人！」好大一間國際兒童書店**：二〇一四年波隆那兒童書展蓋了巨無霸書店「Don't Tell the Grown-Ups International Bookstore」，裡面有乒乒乓乓的迷你籃球場、小朋友換裝拍照的太空人遊戲，還有讓你忍不住一直掏錢的各國經典繪本……

4. **最「安靜」的書一樣發光發熱**：「Silent Book Contest」（無字書競賽）每年精選寓意深刻的無字書，圖像的迷人讓眼珠子忙得不得了。二〇一五年開展第一天，就有雅賊取走了一本入選書，空空的展示架上貼著作者手寫字條：「謝謝你選了這本好書！」

5. **這裡真的有紅蘋果**：二〇一五年呼應米蘭世博，波隆那兒童書展推出「Books & Seeds」（書和種子）主題選書，台灣插畫家陳盈帆《蘋果甜蜜蜜》和一大籮筐新鮮紅蘋果，共同在市區內的莎拉波沙圖書館（Salaborsa）展示。開展第一天，蘋果堆高高，第二天起蘋果變少了……到了第四天，蘋果都不見了！

6. **台灣的驕傲在這兒**：二〇一四年，格林出版公司獲得波隆那書展的「亞洲區最佳童書出版社」大獎，我們在現場能不興奮地尖叫嗎？接續的拉加茲獎，孫心瑜、蔡兆倫和鄒駿昇都來了！

別忘了這也是個市民歡騰的書展，書店裡、圖書館裡、咖啡館裡、人類學博物館裡、餐廳裡、美術學院裡……各色各樣的插畫展、演講、座談、分享會與工作坊；再加上復活節假期，知名的購物大街「獨立大道」（Via dell'Indipendenza）完全封街，你可以橫著直著倒著走，火車站前還有露天書集跟跳蚤市場……

明年的波隆那兒童書展，你買機票了嗎？

2017台灣館插畫家林小杯的繪本朗讀

2017波隆那插畫展

展示兼躺椅

2017立體書展

2017台灣繪本美術館

鄒駿昇《禮物》獲拉加

拉加茲獎頒獎典禮在古典莊嚴的阿爾基吉·納西歐圖書館舉行

插畫家之牆

2016年SM大獎得主Juan Palomino，於2017年書展的新作個展

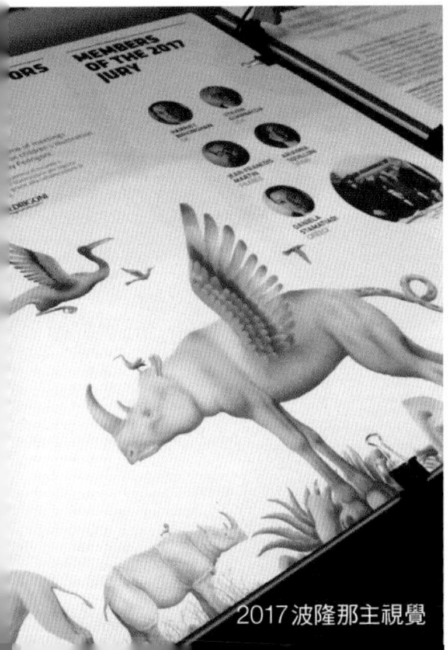

2017波隆那主視覺

展館間的中庭休憩區

2014年巨無霸書
親子遊戲閱讀區

2016會場入口

2016插畫展

波隆那插畫展
50週年紀念展

插畫家之牆

插畫家之牆

016主題國德國展示區

蔡兆倫《看不見》獲
2016拉加茲獎

2016在Illustrators' Cafe評審講解和插畫展頒獎現場

2016年的插畫展評審

小小的插圖，讓世界看見台灣

文—黃郁欽（二〇一六年入選波隆那插畫展）
攝影—李天興、陶樂蒂

2016年入選波隆那插畫展的台灣作者：(左起)陳又凌、黃鈴馨、黃郁欽、鄒駿昇、黃雅玲、吳欣芷。

對插畫家和繪本創作者來說，波隆那兒童書展是一生中至少得去朝拜一次的聖地。多年來聽過太多編輯和創作者描述，終於在二〇一六年因為作品入選而成行，也得以親眼一睹書展盛況。

波隆那書展會場，第一眼的感覺就是大。會場占地廣大，一個場館連著一個場館，共計六個場館。台灣館通常位於編號二十九號場館，已經是會場的盡頭。

插畫界的小宇宙

會場的入口處以及插畫展四周有好幾面「插畫家之牆」，展場中不斷有帶著畫夾的創作者穿梭其間尋找機會，也不斷有創作者在牆上張貼自己的作品和聯絡方式。開展第一天插畫家之牆已被迅速貼滿，這裡就像是插畫界的小宇宙，每個創作者都期待在這裡找到自己運行的軌跡。

大家都希望在這裡發光發熱，不過寄件到波隆那參加插畫展，有人入選，就會有人落選。只要提出申請，書展單位會將未入選的作品寄回；當然，也可以親自到書展現場領回。領取落選作品的地方，是場館外一個非常隱蔽的小空間，孤單而簡陋，不太容易找。看到這個房間時有些驚訝，也終於明白，創作的路總是現實而殘酷的。

黃郁欽入選作品《好東西》。

多樣性的評選角度

插畫展入選的頒獎典禮是書展重頭戲，頒獎前，五位評審會各自說明挑選作品的標準。每位評審其實都有自己一套評選角度，有人認為創作需要「翔實描繪出在地風土民情」，讓讀者感受到繪者傳遞的情感；有人認為「插畫要創作出照片和文字所無法表達出來的畫面」；也有評審認為「五張組圖是否展現出成為繪本的潛力和未來性」很重要。也由於每位評審觀點不盡相同，最後評選出的作品涵括了各種風格和形貌。大會通常邀請不同背景的創作者和專家組成五人小組，每屆的評審都會更換，因此每年插畫展的入選風格也不太一樣，變動而開放，充滿可能性。

評審發言的最後會提出自己印象特別深刻的作品，二〇一六年舉例的二十件作品中，台灣就被提出了三件。頒獎時大會一一唱名繪者上台，「台灣」被重複念了七次。藉由小小的插圖，可以讓世界不斷地看見我們，進而認識、熟悉我們，讓人深深感受到藝術和文化的力量。

終於抵達這裡

文—吳睿哲（二〇一七入選波隆那插畫展）

來自世界各地、希望從事繪本創作的人們排隊等著讓出版社看作品集。（攝影／MaoPoPo）

二〇一七年初抵波隆那，是預料之外。接到友人通知入選插畫展的那一天，我在研究室埋頭做事，沒時間搭理，恍然才記起自己曾經把作品寄出……

此次拜訪像是帶著一種朝聖的心態前往，除了購買繪本、認識出版社之外，能夠和世界各地的插畫家交流是極其幸福的事。第三天午間的頒獎典禮後，手上抱著沉沉的插畫年鑑，有一種，「終於抵達這裡」的感覺。

入選波隆那插畫展，一直是願望清單中的選項之一，現在勾上了，卻有些心虛。我深知自己的風格尚未成形，作品仍不成熟，創作上的定位也仍在摸索中。我剛完成第一本字母書繪本《Roll Calling Time》，亦幸運入選台北書展基金會的「國際出版品計畫」，也是此次得以成行的原因之一。

百感交集的作品集面談

有別於台北國際書展，波隆那書展是一個商展、是各國出版人談版權的場合，但它聚集了世界各國大大小小的童書和繪本出版社，一目瞭然。有些出版社攤位會開放插畫家作品集（portfolio）的面談。作品集面談極其競爭，即使我事先準備了作品集和完成的繪本，但出發前來不及和出版社預定面談，只能現場去排隊。

開放作品集面談的出版社通常會在攤位前貼上海報或牌子，告知開放的時間。但我並未特別記錄，只是在會場到處瀏覽，觀察每間出版社我是否喜歡或合適；若看到中意者又剛好有排隊隊伍，就順勢排進去。我很重視繪本的印刷以及紙張的選擇，高質量的印刷與合適的紙張提高了繪本的質感和收藏價值，從此也可看出出版社對作品的重視與用心。

排隊的過程其實相當煎熬，隊伍裡少有亞洲面孔，被西方人夾擊的心情其實很複雜，也會深刻感受到這個市場裡還有許許多多人和自己在等待一樣的機會，而那樣的機會其實很少。枯等時我偶爾會跟前後的創作者寒暄，有些人說他們來了好幾年仍在等待，有些雖已出版作品，但依然在此排隊……然而耐心等候半小時、一小時後，有的編輯幾句話就把你打發走；稍好一點的則會多聊幾句。

大體而言，面對這樣渺小的機會令人疲累，然而能夠和來自世界各國的出版社面對面接觸是幸運的。這些討論讓我了解近期國際童書市場的脈絡，無論我是否要往童書插畫的方向前進，無疑是梳理想法的一個機會。

插畫家的渴望

第三天傍晚，出版《波隆那插畫年鑑》的出版社Corraini Edizioni在波隆那當代美術館（Museo d'Arte Moderna di Bologna, Mambo）附設的藝術書店舉辦了入選者的酒會，我在那裡認識了四位今年入選的日本插畫家。波隆那插畫展在日本富有盛名，除了

吳睿哲的第一本字母書繪本：
《Roll Calling Time》（圖／吳睿哲）

2017 波隆那插畫展，展出形式從牆面變成桌面，用瓦楞紙挖空鑲嵌畫作，評價不一。（攝影／吳睿哲）

插畫展每年都會前往日本巡展，它在當地也算是新人插畫家的入場券。這幾位日本插畫家身上都帶著事前做好的樣書，到處見出版社，或是在插畫家交流的言談中拿出來分享。我從他們的身上看到了一種渴望，就和排隊隊伍中的其他人一樣。酒會結束後，他們邀請我一同晚餐，比手畫腳用斷斷續續的英文與我溝通。他們問我是第幾次投稿，又為什麼會投稿？這個問題在入圍消息曝光後，我已被詢問過無數次，但我仍然陷入了一陣沉默。

逼自己開始投稿

且讓我重新思考一遍：去年十月會將作品寄出，其實是一念之間。單純只是我剛好有一個完整的系列作，亦覺得自己該開始投稿了。簡言之，就是「逼自己開始投稿」。我能做的，就是將作品重新排列、取個主題、寫上圖說、包裝完整、寄出。這系列插畫原先是為徐珮芬詩集《我在黑洞中看見自己的眼睛》所畫，所以我並未抱太大期待。頒獎典禮上，身為編輯的評審史奇隆尼（Arianna Squilloni）提及我的作品，說我的觀點很有趣，主角牧羊人在畫面中的比例都非常少……這些反饋並不全是我所預想，甚至不是我創作上的意圖；但我異常珍惜，這些對於作品的誤讀也成為一種新的觀看方式。

此外，入選今年書展基金會的「國際出版品計畫」讓我得以和兩家法國出版社的國際顧問面對面深談一小時，兩位國際顧問對於出版各持不同意見，卻讓我更釐清自己的創作，也給了我一次重新觀看自身作品的機會。創作者如果能從一個更客觀、更市場導向的高度重新審視，亦能看到創作時無法看見的問題。

入選之前、入選之後，我仍是一個新人，我謙卑地感謝這一年來各方所給予的機會與肯定。日劇《重版出來》教了我一件事：「運氣是需要累積的。」而我會一直朝著遠方持續前進。

波隆那的插畫家生存遊戲

Illustrators' Survival Corner

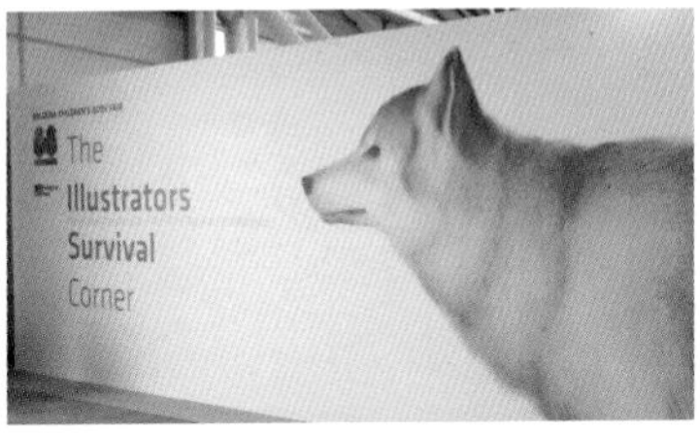

波隆那書展規畫了「插畫家角落」，除了舉辦相關活動之外，牆面上清楚寫出來此找出版社面談的教戰守則，例如：

- **主題** 針對不同主題（書封、兒童／成人、媒體、廣告等）要準備不同的作品集。每份作品集都要有節奏和一致性，要能說出屬於你的故事，同時具有吸引力。
- **數量** 你只需要準備十張未出版的畫作，若畫作已出版，就直接帶出版品來。帶最新的作品就好，舊作請留在家裡。若打算成書，請準備完整或清楚的作品。若是數位作品集，請用平板或是筆記型電腦，不要用手機。不同主題畫作用檔案夾分類，如果編輯臨時想看更多圖，你才能快速查找提供。（文、攝影／MaoPoPo）

橘紅色的波隆那

鄧彧

這是我第一次到波隆那，城市比我想像中的更古老一些，整體顏色意外地很一致，都是紅橘色系。我覺得波隆那滿親切的，除了年代久遠的建物外，地上的磨石子、自行車道、氣溫、機車、有點髒亂的街道，都和台灣有點類似。短短幾天，唯一令我疑惑的是，這個城市沒有街貓（也許只是我沒看到），讓我想看一眼波隆那貓的機會都沒有。

戰利品

這次從波隆那帶回來的書，每一本我都很喜歡，一定要選出一本有點困難。掙扎了許久，我選來自葡萄牙的《Nunca Vi Uma Bicicleta e os Patos não Me Largam》（中排左二）。我買書通常有幾個要素：1. 視覺、2. 紙張和印刷、3. 內容，這本書剛好全都符合。我很喜歡此書插畫部分用幾何加上一點拼貼手感的呈現方式，理性又感性；色彩也搭配得很好，雖然全書都使用很鮮明的顏色，但卻不會覺得過於搶眼或造成視覺上的不適。選紙方面，這本書的封面和內頁都選用非塗佈的紙張，翻起來的觸感也很柔和。此書述說孩子學習騎腳踏車的故事，巧妙地把鴨子和腳踏車做了結合，是個有趣又簡單的故事。

葡萄牙

《NUNCA VI UMA BICICLETA E OS PATOS NÃO ME LARGAM》

鴨子從來沒看過腳踏車，不肯放過我

Isabel Minhós Martins（文）、Madalena Matoso（圖）／PLANETA TANGERINA（planetatangerina.com）／2012

遠時代遞進而來的氣味

吳睿哲

這是我在波隆那期間唯一找到的傳統小雜貨店（左上圖），裡面販售各式生活用品，從零食、造型蠟燭到家用清潔劑、園藝用品，一應俱全。我喜歡蒐集鐵盒糖果的包裝，在店裡待了將近十來分鐘，拎了幾盒糖果出來，但重點永遠都不是糖果，而是外面的鐵盒（下圖右下）。歐洲的鐵盒總是帶著一種特殊的氣味，一種從很遠的時代遞進而來的氣味，我很著迷。

戰利品

義大利插畫家Valerio Vidali之前的作品總是透露著一點詩意，之前知道這本《Il Regalo》（上排右三）的時候，就很想擁有此書。但在網路上四處搜尋，不是找不到就是已經完售。這次去波隆那書展，意外在出版此書的Topipittori攤位看到，一問之下，現場也只有這一本，就立刻買下了。

義大利

《IL REGALO》禮物

Daniel Nesquens（文）、Valerio Vidali（圖）／Topipittori（topipittori.it）／2010

波隆那的日常

吳欣芷

在搭飛機前，一個人在波隆那市區閒晃，喜歡一早大家輕鬆漫步和騎腳踏車經過的感覺，經過早市或是平常不會繞入的街旁，感受這個城市沒有書展時的日常。

戰利品

喜歡這本《Talo Kulman Takana》（下排左二）大膽的用色（亮橘）和輕鬆的線條、筆觸。在翻閱每一頁的時候，讀者也隨著剛搬進新家的主角，探索一扇扇門背後的祕密。是充滿驚喜感的一本書，會想一讀再讀。

芬蘭

《TALO KULMAN TAKANA》
轉角的房子
Jenni Erkintalo（文）、Réka Király（圖）／etana editions（etanaeditions.com）／2016

戰利品

在波隆那的童書店裡，會讓人像小朋友進到糖果店裡一樣，恨不得全部打包回去。不過恢復理性之後，選書的勝負，就在於第一眼。翻完《Mister P》(中排左二)的第一個動作，就是緊抱在手裡。為什麼選它？雖然看不懂內容，但充滿淘氣和塗鴉的畫風，以及各式各樣的人物動物和小物件，光看就讓人充滿想像、非常有趣。

義大利

《MISTER P》P先生
Federica Iacobelli（文）、Chiara Carrer（圖）／Topipittori（topipittori.it）／2009

理髮店

黃郁欽

或許是從黑幫電影來的想像，義大利的理髮店有一種特殊的迷人風情。當我們在旅館旁小理髮店外窺探時，理髮師熱情地招呼我們進去。於是理髮師成了模特兒，一幅波隆那令人印象深刻的風景。

戰利品

義大利文一個字也不懂，買書全靠圖像視覺決定。封面上這個鮮紅短髮酷表情的胖女孩(上排右二)，馬上就吸引了我的視線，插圖繪製的想法很有趣，繪者用胖女孩玩家家酒的概念(手拿故事主角玩偶)，來串連五篇寓言故事，插畫裡有些很東方的元素，可以看到西方人詮釋東方的有趣視角。

義大利

《FAVOLE PER BAMBINI DISPETTOSO》惡作劇的兒童寓言
G. Rodari（文）、A. De Cristofaro（圖）／Editori Internazionali Riuniti（editoririuniti.it）／2013

義大利式的熱情

陶樂蒂

鏡頭裡的阿伯熱情地對著我比了個「讚」的手勢，而且表情豐富。他不是我們在波隆那遇到的第一位熱情民眾：有人會隔著玻璃窗跟我的鏡頭招手，有人笑得熱情奔放，當然也有人會做鬼臉。不論是哪一種，義大利人面對突如其來的鏡頭，多半都有超乎想像的熱烈反應，反倒讓已經學會要顧慮商家和被拍攝對象意願的我，感到非常驚訝，有種奇妙且反璞歸真的心情。

拉加茲獎
BOLOGNARAGGAZZI AWARDS

2017 鄒駿昇《禮物》／台北市立美術館

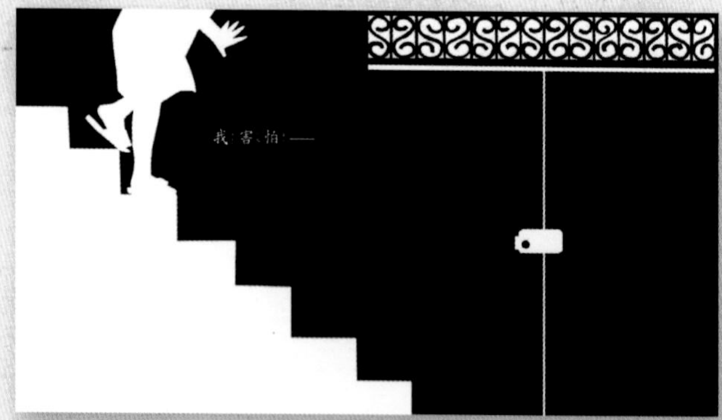

2016 蔡兆倫《看不見》／小兵

2015 孫心瑜《北京遊》／小魯文化

2017
藝術類繪本評審特別推薦獎
SPECIAL MENTION
IN ART CATEGORY
鄒駿昇
《禮物》／台北市立美術館

2016
失能類繪本評審特別推薦獎
SPECIAL MENTION
IN DISABILITY CATEGORY
蔡兆倫
《看不見》／小兵

2015
非文學類繪本評審特別推薦獎
SPECIAL MENTION
IN NON FICTION CATEGORY
孫心瑜
《北京遊》／小魯文化

波隆那插畫展
BOLOGNA ILLUSTRATORS' EXHIBITION

1989 徐素霞《水牛與稻草人》

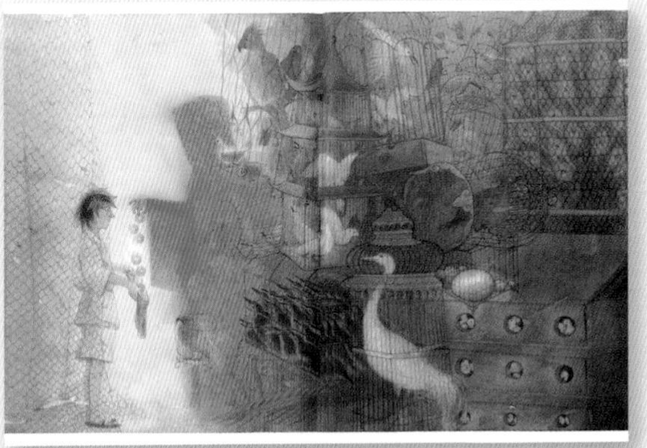

1995 劉宗慧《元元的發財夢》

2000 邱承宗《蝴蝶》

1991 陳志賢《長不大的小樟樹》

2003 陳致元《小魚散步》

2005 潘昀珈（川貝母）《拇指姑娘》

1989 徐素霞　水牛與稻草人
《水牛與稻草人》／台灣省政府教育廳

1991 陳志賢　長不大的小樟樹
《小樟樹》／東方出版公司、水滴文化

1992 王家珠　七兄弟《七兄弟》／遠流

1992 段匀之　小桃子

1994 王家珠　新天糖樂園
《新天糖樂園》／格林文化

1995 劉宗慧　元元的發財夢
《元元的發財夢》／信誼基金出版社

1996 楊翠玉　兒子的大玩偶
《兒子的大玩偶》／格林文化、台灣麥克

2000 邱承宗　蝴蝶《蝴蝶》／紅蕃茄

2001 王家珠　星星王子《星星王子》／格林文化

2001 張又然　春神跳舞的森林
《春神跳舞的森林》／格林文化

2001 龐雅文　小狗阿疤想變羊
《小狗阿疤想變羊》／格林文化

2001 閔玉真　青春泉《青春泉》／九童國際文化
事業有限公司

2001 吳月娥、王美玲　大比爾與小比利
《大比爾與小比利》／九童國際文化事業有
限公司

2002 崔永嬿　小罐頭《小罐頭》／上堤文化

2003 張哲銘　小鹿《木之繪本：小鹿》／繪本館

2003 陳致元　小魚散步
《小魚散步》／信誼基金出版社

2012 蘇阿麗(阿力金吉兒)《有時候》

2016 黃鈴馨(九子)《亞斯的國王新衣》

2007 蔡達源《廖添丁》

2015 劉旭恭《誰的家到了？》

- 2003 張上祐 發現
- 2004 官孟玄 關於這個男人
- 2004 蔡其典 元宵
- 2004 陳志賢 腳踏車輪子《腳踏車輪子》／和英
- 2005 潘昀珈（川貝母） 拇指姑娘
- 2006 周瑞萍 去誰家買空氣
- 2006 王家珠 虎姑婆《虎姑婆》／格林文化、台灣麥克
- 2006 施宜新 四個願望《四個願望》／小天下
- 2006 王書曼 回到那個地方
- 2006 邱承宗 昆蟲新視界——台灣保育類昆蟲
- 2006 蘇子云 台灣火車的故事
- 2007 蔡達源 廖添丁《廖添丁》／青林
- 2008 蔡達源 A Love Story in the Time
- 2008 謝佳晏 Where Are You・Denny
- 2008 鄒駿昇 Chip & Fishes
- 2009 吳欣憓 Where is Panda
- 2010 鄒駿昇 The Gift that Keeps on Giving
- 2011 鄒駿昇 舞之羽
- 2011 陳盈帆 如果我有寵物《愛的小旅行》／聯經出版公司
- 2011 張哲銘 浯島四月十二日迎城隍《浯島四月十二日迎城隍》／金門縣政府文化局
- 2012 蘇阿麗（阿力金吉兒） 有時候《有時候》／小魯文化

波隆那插畫展
BOLOGNA ILLUSTRATORS' EXHIBITION

2016黃郁欽《好東西》

2015王書曼《星鳥》

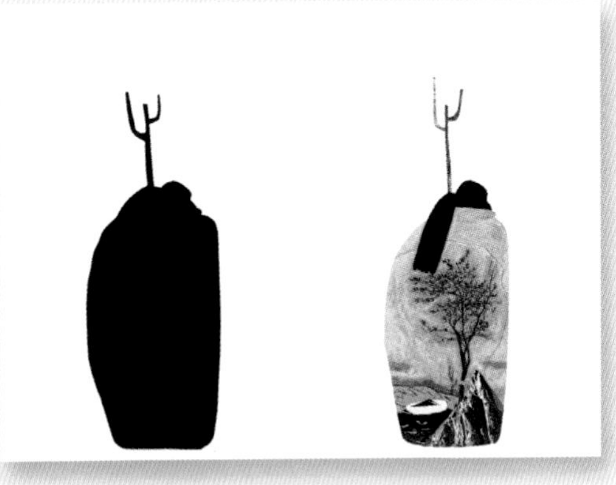

2017吳睿哲《牧羊人說再見》

2011鄒駿昇《舞之羽》

2017鄧彧《回家》

2013 施政廷 月光

2014 劉鎮國（湯姆牛） 最可怕的一天
《最可怕的一天》／小天下

2014 洪意晴 Le Visteur
《Le Visteur》／鴻飛文化

2015 劉旭恭 誰的家到了？
《誰的家到了？》／信誼基金出版社

2015 徐銘宏 最後三件事

2015 王書曼 星鳥

2015 林廉恩 光之蟲

2015 陳又凌 貓騎士

2016 鄒駿昇 軌跡
《軌跡》／台北市政府文化局

2016 王書曼 火燒厝
《火燒厝》／巴巴文化

2016 陳又凌 會生氣的山

2016 黃郁欽 好東西
《好東西》／小魯文化

2016 黃鈴馨（九子） 亞斯的國王新衣
《亞斯的國王新衣》／巴巴文化

2016 黃雅玲 月亮人

2016 吳欣芷 孤寂

2017 鄧彧 回家《回家》／大塊

2017 吳睿哲 牧羊人說再見

如何報名波隆那插畫展

整理——方芝喬

報名參加波隆那插畫展其實並不難，以下詳述報名辦法，有興趣的人不妨鼓起勇氣試試，很可能明年入選的人就是你！

資格

不論國籍，只要年滿十八歲，有意創作童書或繪本插畫的個人或團體，都可自行報名參加評選，或經由出版社、學校的推薦報名。不須報名費。

準備作品

參加者須選擇欲報名類別——文學類（Fiction）或非文學類（Non-Fiction）。文學類指的是內容具有故事性的插畫作品，非文學類指的則是圖鑑、科學等具有教育性的作品。兩個類別只能擇一參加，作品尺寸要求也不同：文學類的最大作品尺寸為32×42公分，非文學類為50×70公分。尺寸超過規定將不予受理，也不予退件。

參加者必須呈交五張同一系列主題的原稿作品，可以是未出版的作品，也可以是兩年內的出版品。作品數量不能多也不能少於五張，凡數目不合規定者不予受理。作品不限黑白或彩色，可以用任何媒材技法，包括電腦繪圖（使用手繪結合電腦繪圖之混合技法者，必須同時繳交原始手繪稿及最終作品的輸出稿）。五張作品必須依所欲的順序編號，分別加註圖說，並從網站下載專屬的標準作品標籤，填寫完畢後（姓名、作品名稱、圖說、類別）貼上寄出。

填寫報名表

報名表必須在波隆那官網上填寫後印出簽名。表格第一部分是勾選參加類別，第二部分填寫個人資料，第三部分為出版資料（若報名作品為兩年內已出版或即將出版者）。第四部分是在學學生才需填寫的學校相關資料。第五部分為作品資料，包括作品標題、圖說及所用媒材技法。已出版作品必須再次填寫出版社、出版日期及ISBN等資料。再勾選幾個同意選項，由插畫家或其法定代理人簽上日期及姓名即完成。

送件

將報名表印出簽名並將參加評選的五張作品貼上作品標籤之後，必須再從網站下載已印有收件地址之標準寄送單，填上寄件人資料並勾選報名類別，在報名期限之前（郵戳為憑），以郵寄、快遞、或親送予主辦單位。所有寄送之開銷，包括關稅、運費等，都需由寄件者自行負擔（郵資已付）。對於非歐盟國家，主辦單位建議利用快遞送件，同時也建議報值在五十美元以下，並在寄送文件上標註「illustrations of no commercial value」（無商業價值之插畫作品）以利通關。若有寄送遺失或遲件導致逾期之情形，主辦單位不予負責。

評審委員會

所有在報名期限內之符合送件規定的插畫作品都會交由波隆那插畫大展的國際評審委員會評選，委員會由五位來自出版界及藝術學院之評審組成，由主辦單位聘請，名單保密至評選結果公布為止。

入選後

所有入選插畫家都會收錄在當年的《波隆那插畫年鑑》中，該年書展結束後，所有入選作品會繼續巡迴至其他國家展出。

入選作品將在參加辦法中指定的日期之前，由主辦單位或其海外展覽協辦單位直接退還，日期可能因為巡迴展有所變動，書展方面會主動通知。在波隆那插畫展或其海外展覽期間，所有入選作品皆不得要求退換。

未入選之作品則可選擇在該年度波隆那書展期間親自領回（所有報名者都可免費獲得一張該年度波隆那書展入場證），也可要求展方以掛號郵件寄回，但必須在參加辦法所指定之日期前以電子郵件提出，費用由主辦單位負擔。超過此期限則無法退件。

其他關於報名參加波隆那插畫大展的細節與規定，包括所需的相關表格和標籤，在徵件期間可上波隆那兒童書展官網查詢。有志參加者建議每年八月之後要留意官網相關訊息。

所有入選插畫展的作品將自動列入另外兩項大獎的評選：

SM大獎

完整名稱為「SM基金會波隆那兒童書展國際插畫大獎」（Bologna Children's Book Fair – Fundación SM International Award for Illustration），頒給三十五歲以下插畫家，由另一組不同於插畫展之評審委員評選。得主可獲得三萬歐元的獎金，並受邀為西班牙SM集團出版之童書繪製一本書，於隔年書展公開，並有獨立個展。也因此，SM大獎等於是波隆那插畫展中的桂冠。台灣插畫家鄒駿昇曾於2011年獲得SM大獎，隔年由SM出版了《小錫兵》（El Soldado de Plomo）。

ARS IN FABULA大獎

頒給三十歲以下不曾有出版品之新人插畫家。由ARS IN FABULA藝術學院碩士課程之講師所組成的評審委員會評選，得主可免費參與該學院插畫出版組的第一級碩士課程，並可執行由該課程之協同出版社所指定的一項出版計畫。

插畫展報名事項之英文說明QR Code

波隆那兒童書展官網：bookfair.bolognafiere.it

森林創作集

illustration_陳和凱

神祕客的奇遇

文、圖──阿力金吉兒

在一座無人的島嶼四周與海洋之間，形成巨大的綠色森林王國。它像是靜靜的巨大海龜漂浮在海上，孕育著一種神祕吸引的魔幻力量。長年累月歷經太陽照耀之下，灑落島上每個角落的光，讓森林枝繁葉茂綻放著閃爍美麗的色澤。結實緊密的百葉與布滿紋路的樹林間，叢林的幻魅情景舞動著熱帶雨林的謎樣色彩。

當寂靜籠罩在這個介於嚴冬和酷熱間的美好季節，夜幕低垂鬼祟的窸窸聲隱匿著像夢通往奇幻的遊樂場。在長滿青苔的森林一角，變色龍紋風不動地張開嘴唇，虛幻般笑容不失優雅地咳了一聲。幽靈般的神祕客悄悄躲在林間，迷濛陰鬱的眼在陰暗處躡手躡腳似地目睹接下來的一場神祕盛宴。

當夢像寶石般閃閃散發著光芒穿越森林，擅於巫術喜歡迷藏的狗面猴開始圍繞著天空吹信號。節奏拍打快速，嘴裡念唱著魔幻般的咒語，純然的狂喜也為樹精靈們指路。遠處時而傳來鳥叫聲，粉紅曼妙的飛天蛙是悠遊的夢遊者散步

在樹叢間。狗面猴難得遇見牠們便開始急促狂囂吠叫，狐疑的雙眼探望四周發出滑稽的叫聲傳遞同伴前來，伴隨著風中翻轉的落葉小碎步翩翩舞動著荒野氣息。

在牠們的古老傳說中流傳著只要舔了飛天蛙翅膀的粉紅色汁液就能夠擁有飛行的快感，牠們一直在等待偶然在林間出現的飛行蛙。這時，奇異的鳥尖聲高唱帶著熱切呼喚情緒，狗面猴開始磨蹭跳舞。歡呼聲進入一種無與倫比的快樂，以一種不和諧的聲音淋漓盡致忽遠忽近傳響森林的每一處。

瞬間，魔幻般的咒語讓一隻飛天蛙墜落在牠們面前。狗面猴們繼續狂囂跳舞，直到飛天蛙的翅膀紋路帶著貝殼般粉紅略帶金黃色澤時，牠們趁此摘下飛天蛙的螢光翅膀，當翅膀的紋路緩緩流出粉紅色汁液，牠們更加急促狂喜叫著完成儀式。牠們顫動而顫抖滿足地舔著粉紅色汁液，粉紅蛙只能在一旁掙扎翻身緩慢地蠕動著身體迎接死亡的到來。

突然間，一個塵封已久的洞穴被打開，霧氣柔緩地在樹林間漂游。狗面猴瞬間安靜了下來，緩步有秩序地走進洞穴。在洞穴的深處一直存放著牠們祖先們蒐集來的翅膀標本，陽光再次從岩縫中灑下細長的光照射著翅膀標本，牠們以馴服的眼神崇敬膜拜和私密交談。洞穴四周火光信號開始跳躍升空又降下，牠們在溫暖的迷霧中靜靜地享受夢一般的誘惑召喚。身體漸漸輕輕漂浮穿梭在樹林間，最後牠們帶著狼嚎般的笑回到森林最濕潤的暗處。

沉默地尾行目睹這一切的神祕客，驚訝的表情在唇間閃過，迷惑在這場突如其來的隨性失序放肆裡，相信奇異的強烈感覺交換著自己冒險的歷程。經過這場意外盛宴之後，在他漸行漸遠的背影裡有著狂熱的決心，神祕地召喚前方的未知旅程。在空氣中懸浮飄翔美麗的七彩光芒，再次灑滿森林的每個角落每個動靜，充滿古老神祕的魔幻繼續孕育整座島嶼上、森林謎的所在。

森・黃郁欽

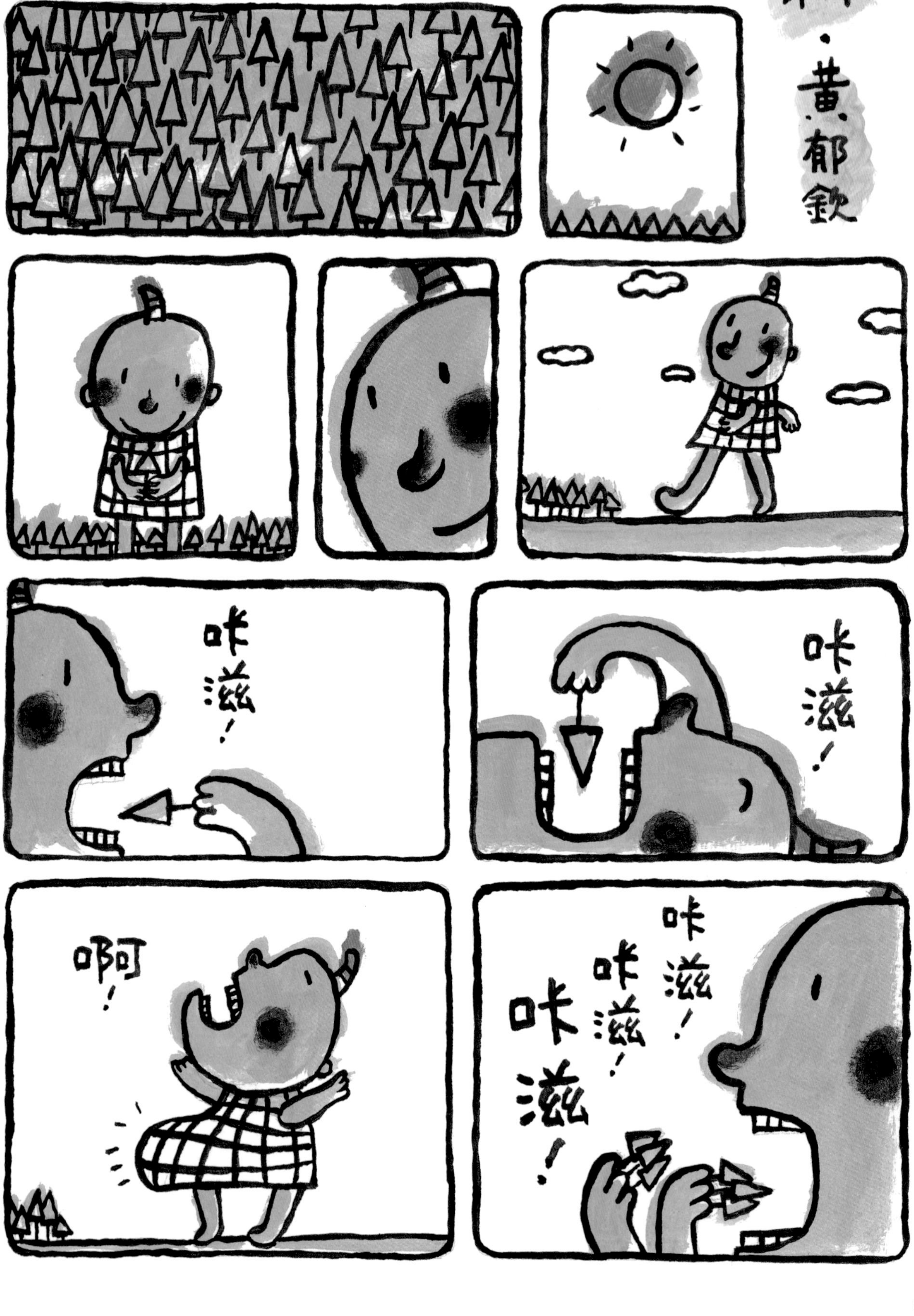

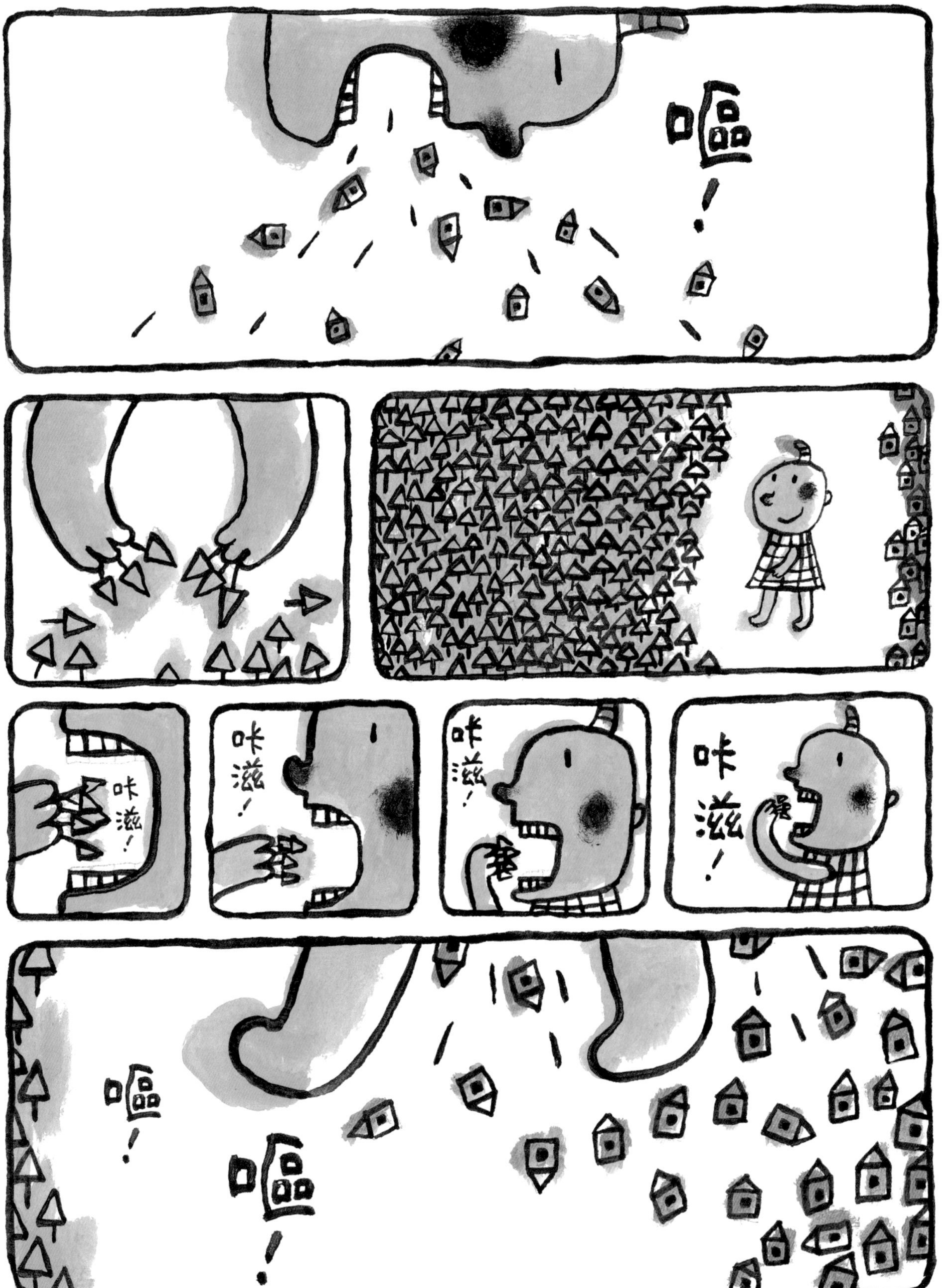
嘔!
咔滋!
咔滋!
咔滋!
咔滋!
嘔!
嘔!

咔滋！
嘔！
咔滋！
啊！

啊!
咚!

小刺蝟的多肉森林

文、圖—吳佩蓁

黑法師
多肉植物都是綠色的嗎？可以吃嗎？
有些會因為光照、溫度和溫差而變色。石蓮可以吃喔！
黃麗
火祭
虹之玉錦
扇雀

「多肉植物」是什麼？

多肉植物又稱作肉質植物或多漿植物，是指這類植物擁有肥厚的肉質莖、葉或根，利於儲存大量的水分，能在氣候乾旱或土壤惡劣的條件下生長良好。多肉植物主要生長在沙漠及海岸等乾旱地區，包括了景天科、大戟科、百合科、蘿藦科、龍舌蘭科、番杏科、夾竹桃科等五十幾個科。

玉綴
綠之鈴
石蓮吃起來味道不錯耶！脆脆的有水分，帶點微微的酸澀和清香味。
朧月（石蓮）
天啊！小刺蝟，怎麼才一會兒，你的身上就長霉了！
乙女心
青雲之舞

如何照顧？

介質：多肉植物不喜歡軟爛的泥土，使用疏水性佳的介質才能長得好，如發泡煉石、珍珠石、蛭石、赤玉土、蛇木屑等。盆器也最好選用底部有洞的，比較好照顧。

日照：光線是生長的要素，充足的日照加上大幅度的溫差會讓多肉變得更加紅豔漂亮。光線不足會徒長，這樣就不好看也不可愛了，光線過強則會曬傷。大致上，秋季到春季盡量給予日照，夏季則要些許遮光。

給水：各品種的多肉照顧方法也略有不同，須稍加注意。原則上，生長季節充分給水（一～二星期一次），休眠期斷水或少量給水（二個月一次），在清晨或晚上給水最適合。小刺蝟喜歡用浸泡法，把花器一半泡在水裡，直到吸飽水分再拿起來。澆水法須沿著花盆邊緣澆入，不要往葉子上倒水。有些多肉葉片接觸到水，會容易腐爛變色。

通風：流動的空氣能讓植物進行呼吸。台灣夏季的濕熱是多肉的罩門，通風就更顯得重要，若空氣不流通，容易感染病菌而腐爛。

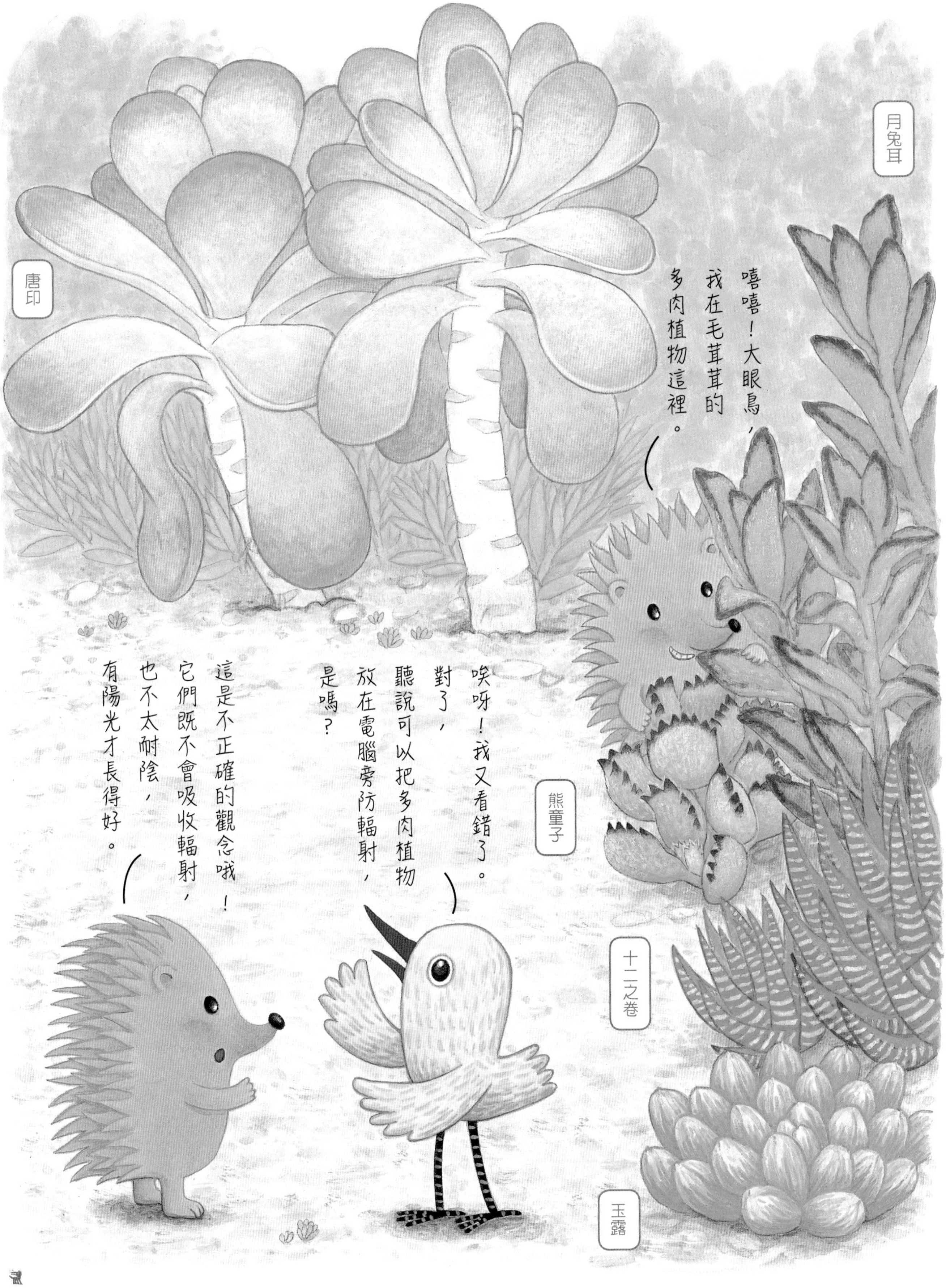

嘻嘻！大眼鳥，我在毛茸茸的多肉植物這裡。
月兔耳
唐印
唉呀！我又看錯了。對了，聽說可以把多肉植物放在電腦旁防輻射，是嗎？
這是不正確的觀念哦！它們既不會吸收輻射，也不太耐陰，有陽光才長得好。
熊童子
十二之卷
玉露

森林裡的貓

文、圖——黃文玉

一隻母貓，孤獨地在森林裡生活，她習慣單獨行動，自己在樹上看遠方，自己獵食，自己找樂子。

在森林裡生活的貓，總和其他動物格格不入，她沒有朋友，也不屬於任何族群。

一天，她遇到一隻誤闖這片森林的小貓，迷路的小貓看到母貓，像是抓住浮木般緊緊跟著她。

母貓不耐煩，轉身就跑。

她跑，小貓跟著她跑，她揮掌想趕走小貓，小貓躲到一旁，但還是跟著。

他把母貓當成學習對象，模仿她一切動作。

母貓爬上樹，小貓也爬。小貓爬不上去，跌落在地，喵喵叫著。母貓只是看了他兩眼，小貓就在樹下等著。

慢慢慢慢，有幾次母貓轉頭不見小貓，她忍不住回頭去找。看到小貓遭到攻擊，母貓發出怒吼，對方轉身逃走，母貓心裡忽然有種成就感，可是她依然覺得小貓是個麻煩的傢伙。

一天，小貓跟著母貓到溪邊抓魚，頑皮的小貓玩著玩著，一腳踩空掉進溪裡……小貓在水裡拚命掙扎……

母貓迅速衝上前叼起小貓，把他拖上岸。母貓細心舔著小貓，慢慢把小貓舔乾。

那天傍晚，母貓推著還不太會爬樹的小貓，爬上了她平常歇息的樹上。夜晚的森林有點涼，兩隻貓靠在一起，很溫暖。

林中刺客

極短篇

鄭淑英

掙扎

歸隱

兩隻貓

文、圖——陳玉菁

「喵森林」裡有兩隻流浪貓。

小哥貓：「肚子好餓，喵！」

大弟貓：「喵！肚子好餓。」

大弟貓想像森林裡的每一棵樹都是魚。

「喵啊！這『模』多的魚，我可以全部吃『觀』光！」

小哥貓幻想空氣也有魚的鮮味。

「喵啊！有魚味的空氣真好吃！」

真好吃的魚！

小哥貓一回頭，看到大弟貓在擦嘴，才發現……

小哥貓：「大弟貓吃光魚，沒有留魚尾給我，我生氣！」

「我不是都先給你吃嗎？」

不知所措的大弟貓，聽到從樹上傳來的聲音：「快說『對不起』！」

大弟貓低著頭：「喵～對不起！」

快來玩！

大弟貓：「喵單腳先跳1，
喵雙腳踩2、3……」

大弟貓一邊說一邊用力踩跳，
完全沒有看到小哥貓跟在後面，
眼神中充滿關心……

微風吹來，
一片葉子落在大弟貓的腳邊，
大弟貓轉身微笑說：
「小哥貓，謝謝你！」

開心的兩隻貓在唱歌！

「吃好飽、睡好香、玩得好開心、喵地好心情！」

「吸一口新鮮空氣，喵地一起喵喵腰！」

小哥貓：「喵！大弟貓你看，我的肚子好像吃了這『模』多的魚呢！」

大弟貓：「『笑』哥貓不要學我說話嘛！喵！」

兩隻貓一起喵喵笑……

來「喵森林」呼吸新鮮空氣，你也會喵喵笑地喵喵腰！

「喵地好心情！」我也在「喵森林」裡唱歌呢！

AnlyGirls × 花花森林

What shall I wear today?

文、圖──羅安琍

花花森林裡，
有條紋兔當管家、
花蝴蝶到處串門子、
橘子熊呆呆地耍萌，
還有，跳上跳下的小黑鳥

這一天同時盛開了四季的花……
AnlyGirls 把四季的顏色染成美麗的布花，
剪裁成一件一件不同樣式的服裝，
在這個一期一會的花花森林裡，
每件衣服都有自己的故事

Spring 春

粉紅色的春天，帶著一點點花蜜的甜。
AnlyGirls與花蝴蝶，喜歡在花園裡飛舞嬉鬧。
把一朵朵盛開的花，拼貼成美麗衣裳！
小時候幾乎沒有穿過粉紅色，女孩的蓬蓬裙，
不在我的衣櫃記憶裡。
粉紅色，是屬於妹妹的。她總是穿上粉紅芭蕾
舞衣，在有鏡子的教室裡練舞。

Summer 夏

小黑鳥拉著AnlyGirls去看海。
別急、別急！我還在染布呢！等我用靛藍花花瓣搗出
藍色染料，做好這件藍白上衣後，我們就出發！
姊姊是藍色系女孩。
從牙刷、毛巾、睡衣，還有過年訂做的西裝外套與
百褶裙，都是藍色系。記得，她第一次舉辦鋼琴獨
奏會時，也是穿上藍色的小洋裝。

Autumn 秋

秋天的森林是隻變色龍，隨著氣溫改變色彩，從翠綠轉紫紅，再轉成深褐色。橘子熊織了一件紅色毛背心，AnlyGirls也換上了長袖的衣裳。

紫色與黃色調和成秋天的色彩，AnlyGirls剛好在這個季節裡誕生，小時候最常擁有的色彩，就是黃色與咖啡色！

Winter 冬

好冷好冷的冬天，小黑鳥、條紋兔、花蝴蝶與橘子熊，統統躲起來冬眠。留下AnlyGirls一個人，靜靜回憶花花森林的春夏秋冬。

小學參加過一次演講比賽，內容都不記得了……只記得身上那件海軍領配上長領帶的短洋裝。當時覺得，沒有得獎也無所謂，只要有好看衣服穿就好。

甜點森林

文、圖——黃純玲

夏日的森林裡，
一陣甜甜的清風吹來，
夾雜著檸檬草的香氣，
讓人忍不住張口暢快呼吸。

恣意跳躍林間，
我的心隨著綠色羽翼飛翔！

薄荷葉一如往常地，
送上清晨第一滴露珠，
向我道早安。

在卡布奇諾的空氣中擺盪，
我聽見微風輕聲低吟。

走吧！
前方是怎樣的風景等待著
我的探尋？

沁涼的夜裡，
擁著焦香被窩，
我悄悄進入夢的邊境。

我划著小船，
攪動暈黃月影，
展開一次又一次的
冒險旅程。

就這樣，
日子一天天過去，
生活卻漸漸失去味道，
我的心變得黯淡、乾澀，
直到有一天……

午後幽靜的甜點森林，
我站在高處暖身，準備跳進咖啡杯中，
一解酷夏的熱氣。
突然，嘈雜喧鬧聲此起彼落：

「等一下！小方糖！我比較需要你。沒有你，
我無法做出好吃的蛋糕！」
裝著麵糰的琺瑯碗大叫。

「不行！不行！小方糖！快點過來我這裡，
不然我的冰咖啡就失去風味了！」
咖啡杯扯開喉嚨嚷嚷。

「且慢，我的西米露少了小方糖就不是甜湯了，
趕快過來我身邊！」
單柄鍋顧不得形象激動大喊。

你一言我一語，我被吵得左右為難，無所適從。
於是決定不管如何，先跳再說！
我閉上眼睛，擺好跳水姿勢，
縱身一躍……

「咻～」
或許是用力過猛，我的身體越過了咖啡杯、
琺瑯碗和單柄鍋，一直飛……飛……
最後掉入剛吃完藥、哭鬧不休的小寶寶嘴裡！

瞬間，甜點森林恢復往日的安寧，
我也在寶寶的清脆笑聲中
慢……慢……融……化……

森林裡的秘密

伍幼琴

走進童話森林，有哪些故事藏在裡面？

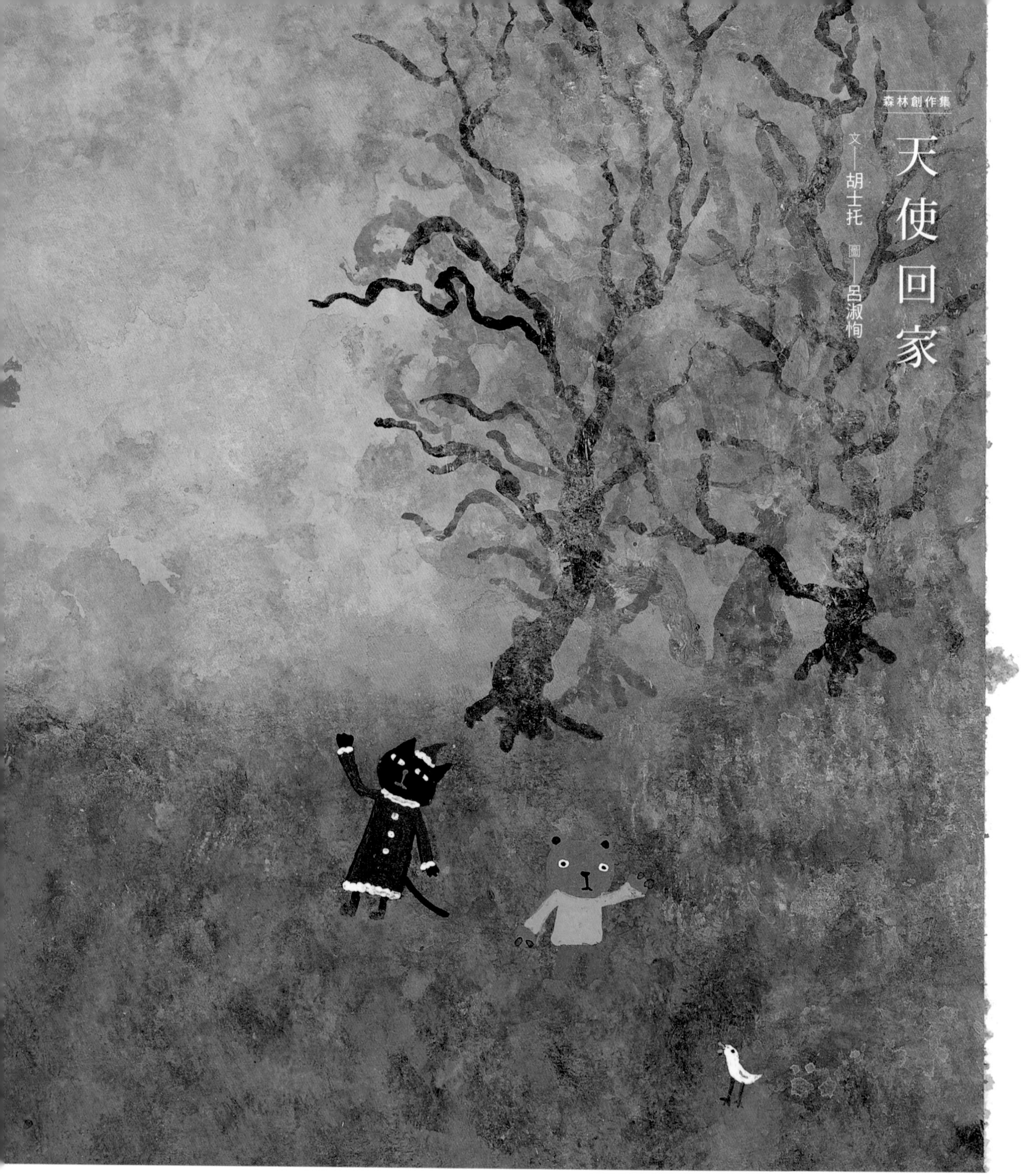

森林創作集

天使回家

文—胡士托　圖—呂淑恂

迷霧森林

天使在森林中醒來，身旁圍著各式各樣的小動物。天使問：「這是哪裡？」

「這裡是迷霧森林。」鱷魚說：「你應該是迷路了，走不出去。」

「喔，對！」天使想起來，那天，祂和其他天使玩捉迷藏，心想，躲在哪裡最好呢？當然是地球。祂在雲裡像一隻蟲在蛹裡掙扎，終於踢出一個洞，縱身一跳，結果落到了這森林，走了好幾小時繞不出去。「在我睡著的時候，有其他天使來找我嗎？」祂問。

小貓說：「沒有。」

「太好了。」天使說。

「哪裡好了？你會永遠被困在這裡吔……」小貓說：「我們都是。我那天為了追一隻老鼠，跑到這裡，從此再也離不開，只能吃草度日，好崩潰。」

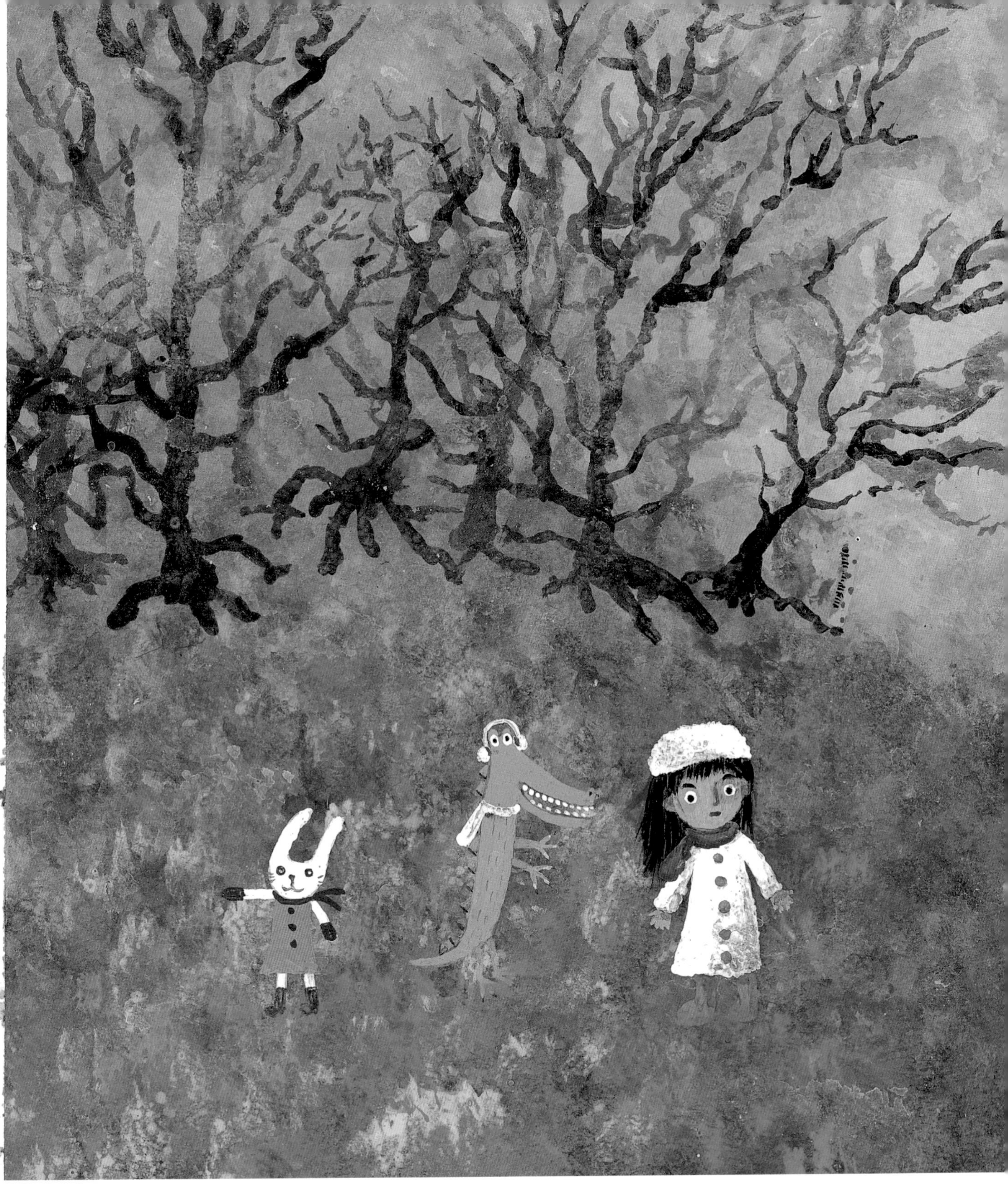

「我才崩潰吧。」小鳥說：「我成年那天，媽媽叫我要學飛，我飛一飛，就飛到這裡了。我就知道媽媽不喜歡我，故意要把我弄丟。」

「你們都沒有我崩潰。」小熊說：「我朋友騙我，這裡有多到能裝滿整個浴缸的蜂蜜，我滿心想要在黃澄澄的蜂蜜裡泡澡，結果只有滿地的花和草……」

不知道為什麼，變成一場崩潰大賽了。天使心想。

「我最崩潰！」鱷魚插嘴：「我從蛋裡面出來時，就在這裡了！」

天使想，嗯，鱷魚贏了，殊不知真正的贏家，其實是躲在後面的長頸鹿。到底是怎麼到這裡的呢？每次大家問他，都沒有答案。「我不想回答。」他總是眼眶泛淚，轉身離開。

魔笛

「那你呢？小兔兔，你是怎麼到這裡的？」天使好奇地問。

「我一直都住這裡喔，森林就是我的家，我有好多的同伴都住在這裡呢。」

「小兔兔很厲害喔，上次也有一個天使闖進這裡，是小兔兔們集合起來發功，才把天使送回天上的。」小熊說，「那個天使說，等祂回到天堂，一定想辦法把我們救出去，結果祂一去不回頭，根本沒理我們。」

好壞的天使，一定是加百列！上次玩捉迷藏，祂不知躲到哪去，大家都找不到，原來是躲到迷霧森林了。「小兔兔，你能不能幫我一次，我回到天堂，一定把大家都救出去！」天使說。

「好是好，但你要答應我一個願望。」小兔兔說。

「那簡單，我說到做到。」天使說。

於是兔兔召集了整個家族，拿出用神木做的魔笛給天使。天使吹奏出來的美妙樂音，吸引了雷神的注意，劈下一道天梯，直達雲上。離去前，天使忍不住問了長頸鹿：「我都要離開了，你要不要分享一下你是怎麼到這

裡的？」長頸鹿搖搖頭，躲起來了。

「唉，真是拿他沒辦法。好啦！我要離開了，謝謝你們的幫忙，把你的願望跟我說吧。」

小兔兔靠近了天使，用悄悄話的方式說出他的願望。上次也是這樣的，大家問小兔兔許了什麼願望，他不說就是不說，守口如瓶的程度，簡直跟長頸鹿有得比。

「所以你的願望實現了？」小鳥問。

「實現了唷。」小兔兔回答。

「我才不相信那個不守信用的天使，氣死我了！」小熊跺著腳說。「沒錯！可惡的天使！」鱷魚也張著滿口利牙的嘴巴說。

「你要記得，把我們帶出這個森林喔！」大夥兒齊聲喊，天使攀著閃電，尷尬微笑著離開。怎麼會這樣呢？小兔兔的願望竟然是，「只有兔子在這裡實在太無聊了，你把大家都留下來吧。」

天使回到天上，和大家分享這個奇遇，順道指責了加百列。加百列不好意思地笑說：「被你發現了……啊！那你有看見那隻長頸鹿嗎？我上次跌在他身上，他嚇了一大跳，拔足狂奔，就奔進那個森林裡了……」

榕樹與小蜂共舞

文、圖——林春華

在我們周遭，榕樹是很常見的，公園、步道、行道樹都會出現它的蹤影，是很親民的植物，也是榕四星金花蟲、石牆蝶、榕透翅毒蛾等幼蟲的食草，果實更是小鳥的最愛。但人們從未看過榕樹開花。

榕樹的花被膨大的花托包住，形成像果實的隱花果。果內有許許多多小花，頂端有個由苞片構成的榕小孔，是花和外界聯繫唯一的通道。必須靠雌榕果小蜂，才能完成授粉。

以雌花、雄花同果的正榕為例，雌花成熟時，榕果小孔會主動鬆開，並散發特殊的氣味來吸引雌榕果小蜂進入。

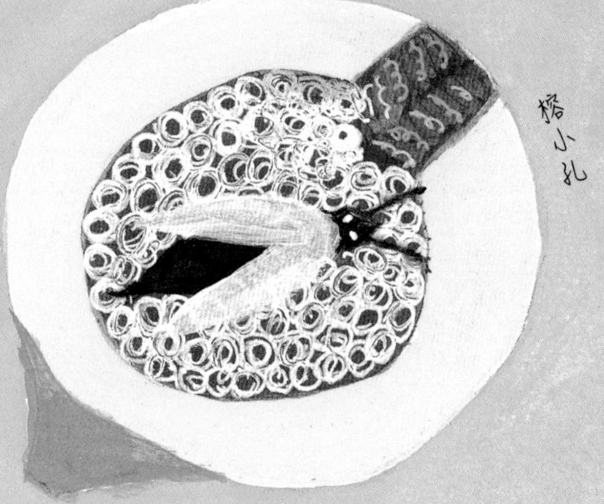

雌榕果小蜂進入榕果後，榕果小孔自動封閉，此時身上帶著其他榕果花粉的雌榕果小蜂，會幫這顆榕果授粉，同時在花上產下許多卵，產完卵的雌榕果小蜂就會死去，完成牠的生命任務。

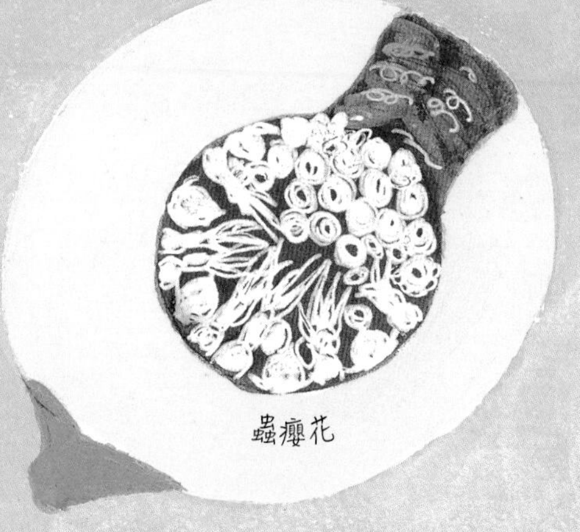

被產下卵的花，形成蟲癭，稱為蟲癭花。

孵化出來的幼蟲，以花為食、長大。

每個蟲癭成熟，都會有一隻榕果小蜂羽化。榕果中雄榕果小蜂（無翅）比雌榕果小蜂（有翅）更早羽化，牠會尋找榕果內雌榕果小蜂的蟲癭，進行交配，讓還沒羽化的雌蟲癭受精，最後雄榕果小蜂戳開榕果小孔，然後就結束牠的生命。

雄花期

受精的雌榕果小蜂，在同一顆榕果雄花成熟時羽化，牠會帶著花粉從榕果小孔離開，前往另一顆榕果產卵，協助授粉。

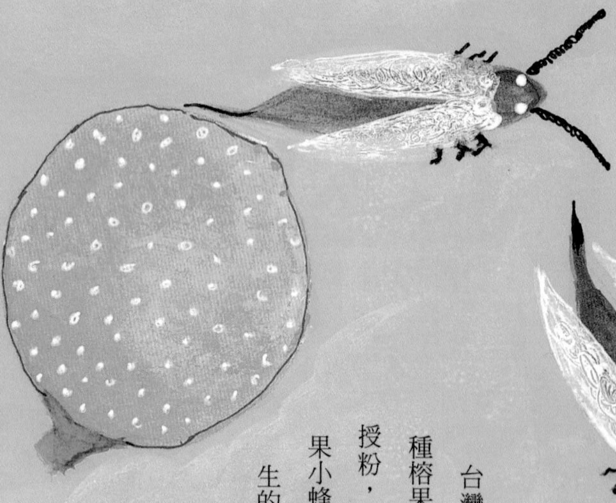

成熟的榕果變得紅軟香甜，會吸引鳥兒採食，傳播種子。

台灣的榕樹種類繁多，每種榕果有各自不同的榕果小蜂來授粉，如此一代一代，榕果和榕果小蜂一直是生態繁衍上互利共生的最佳拍檔。

當小鳥吃了榕果後，會到處去排遺，可能在牆上、樹上、石頭上，或是草地上。隨著小鳥排遺而被傳播到不同地方的榕果，內部的種子會孕育出一株小苗。這也是榕樹的另一種生態密碼：須經過鳥的消化後，種子才能長成小苗，直接種植榕果，是不會長出小苗的。

另有寄生蜂會來產卵，直接從榕果外皮產卵。所以寄生蜂的產卵管特別長，會刺穿果皮、果肉，也不會住在榕果裡，故稱「寄生」。

森林下的野花與生物

文、圖——陶樂蒂

每當走進森林，感官像是突然開啟的機械裝置，瞬間聯結轉動起來。耳朵觸動著眼睛，鼻子觸動著記憶，呼吸觸動著心跳，每一個步伐都牽動著身體的感官。蟲鳥的聲音、落葉碎裂的聲音、闖進鼻子裡的氣味、穿越臉頰的霧氣、飄忽的香氣，引領著我的眼睛四處搜尋，歡呼著：啊，這裡是森林！

欠缺鍛鍊的我，在森林裡，常常只能低著頭，專注於邁出的每一個步伐。此時，地面上，山徑邊緣，石頭縫隙的小小草花，原生於森林裡的各種野花，未開花時隱身於林間，不受矚目，直到花朵綻放，美麗的姿態才會被發現，這是我所看見的森林。

水鴨腳海棠

秋海棠科，秋海棠屬，台灣特有種。多年生草本植物，生長於中低海拔闊葉林下、水源處。不對稱缺裂的葉形，形似翠綠色的鴨蹼，同一植株雌雄異花，雌花花托有三瓣形狀的子房，花瓣五枚（花蕊黃綠色），雄花花瓣四枚（花蕊黃色），夏季至初秋開花，耐蔭且喜歡高溫、高濕的環境。

白痣珈蟌♂

珈蟌科，體長5～8公分，雄蟲胸、腹部綠色具藍色金屬光澤，翅膀深藍色沒有翅痣，棲息於中低海拔山區林間溪流、山溝、瀑布等清澈的水域環境，台灣特有種，也是體型最大的豆娘。

普剌特草

桔梗科，山梗菜屬，台灣原生種。多年生草本植物，生長於中低海拔陰涼潮濕的林蔭下。淺紫色花冠不對稱的花朵，於三～八月間開放，成熟時漿果轉為為鮮豔的紫紅色，在林蔭山壁間極為顯眼。

麗紋石龍子

石龍子科，原生種，為台灣普遍可見的中、大型石龍子。棲息於森林底層落葉堆及泥濘地區，白天可以看到牠們在岩壁上曬太陽。尾巴容易自割，卵生。幼蜥尾巴為鮮豔的藍色，身體背部為黑色，上有五條金色縱紋延伸至尾巴基部，成蜥則全身轉為褐色或灰褐色。

台灣山菊

菊科，山菊屬，台灣特有亞種。多年草本植物，生長於中低海拔山林，是台灣原生植物「山菊」（僅分布於蘭嶼、綠島）的特有變種。花莖高30～70公分，多角的葉形是它最美麗的特徵，金黃色的花朵在秋季盛開。

台灣琉璃小灰蝶♂

小灰蝶科，原生種，展翅約2.5～3.2公分，雄蝶翅膀表面藍紫色具藍色琉璃光澤，翅緣黑色，觸角有白色的環節。喜歡棲息於低、中海拔山區，常綠闊葉林、海岸林及都市林，於溪邊及潮濕地吸水，具領域性。

屏東鐵線蓮

毛茛科，鐵線蓮屬，台灣原生種。多年生常綠木質藤本植物，生長於台東南部、恆春半島附近，低海拔的林緣向陽處。「鐵線蓮」總是予人一種西洋園藝花卉華麗的印象，第一次見到這藍紫色的花蕊，微微粉紫色花瓣的鐵線蓮，完全沒想過這是台灣特有品種。目前野外族群分布稀少，因花朵清雅秀麗，廣受園藝栽培的青睞，白色萼瓣四～七瓣不等。

東方蜂

蜜蜂科，台灣原生種蜜蜂，耐寒適應惡劣天候，無需人工飼養，對環境適應力強，多分布於中、高海拔山區，為台灣中高海拔山區重要的傳粉媒介昆蟲，唯近年來受到來自中國的囊狀病毒肆虐，已出現族群滅絕的危機。

蛇莓

薔薇科，蛇莓屬，台灣原生種。多年生匍匐性草本植物，生長於低海拔至高海拔的平野山麓。袖珍的小黃花幾乎全年開放，紅色寶石般的聚合果，搭配美麗的三出複葉，像是森林裡的織錦繡花，綴滿林蔭下。

薄菱蝸牛

堅齒螺科，栗蝸牛屬，台灣特有種。殼寬約2公分，殼高約0.9公分，右旋，淺褐色盾狀圓錐型螺殼，喜歡棲息在樹林下的落葉層，特別是低矮植物的葉背，半樹棲性。

狹葉七葉一枝花

百合科，七葉一枝花屬，台灣原生種，生長在中、高海拔蔭涼處或林下。七葉一枝花形體特別，單莖、單一輪生葉、單花，名字雖為七葉，但輪生葉六～十一枚皆有可能，花朵生於頂端，萼瓣四～八枚，易被誤認為是第二層輪生葉或花瓣，其實花瓣是花心外緣那圈黃綠色的細絲，雄蕊不定數，包圍著子房與雌蕊生長。林蔭下，數棵向光生長的七葉一枝花，姿態特別有趣，植株可入藥，但有毒性。

赤腹寄居姬蛛♀

姬蛛科，寄姬蛛屬，體長0.5～0.6公分，身體橙紅色，雌蛛有白色八字紋，腳黑色，常被誤認為是人面蜘蛛的雄蛛。會吐絲逃生，但不會結網，和雄蛛(體型較為細瘦長，無花紋)一起寄住在人面蜘蛛或其他種蜘蛛網上，撿拾牠們不吃的小型昆蟲，分布在低、中海拔山區。

夏樹群茂

文—王家祥　圖—Ali Ginger

即使整座森林顯得安靜而無風，我卻仍然可以感受到藏在泥土下、枝葉草叢間，藏於似淺又深之處的森林活躍的意志。尤其群樹的意志，強大而蓄勢待發，屬於夏天的意志。

當我行走於密林下的小徑，偏離登山客眾多的主幹道，我便能清楚地聽見大冠鷲在天空中飄蕩的鳴叫聲。清晨乍現的日照強度足夠暖和空氣了，大冠鷲便隨著熱氣流緩緩上升，脫離低凹的谷地，在山頭的上方盤旋、鳴叫，宣告陸地與海洋的交界。最常遇見一對大冠鷲乘著風遊戲，沒有人否認牠們是在跳舞。我則羨慕牠們被風托著懸浮的感覺；有一天，我果真也飛起來了，那是在游泳池中學會全身放鬆飄浮在水面，被透明無形的水托著懸空，感覺自己像一隻鯨，或一隻鷹，只是往下看的視野不如鯨的大海深沉，或鷹的天空遼闊，只是一片潔白的壁磚，搖晃著藍色的池水和涉入池底的陽光。

這座城市邊緣的海岸山脈裡還活存著不少蛇，僥倖讓我們從擾攘的街道上一轉入山，便能抬頭偶遇吃蛇的大冠鷲在日光下的山陵乘風舞起，讓虛弱的城市人因為大冠鷲的白色飛羽在腦海中駐留了最後的一點想像：牠們是一公一母，牠們乘著日光的風追逐愛情，牠們還願意棲停在這座城市的邊緣捕蛇嬉戲，築巢育子。

鳳頭蒼鷹則喜歡沿著林冠邊緣無聲無息地滑行；畫著栗色橫斑的白腹以及尾下的白色覆羽微微閃光，和穿越林間葉隙的篩落陽光是一樣的節奏。白腹尾羽是陽光，栗色橫斑是林冠葉隙；正足以說明鳳頭蒼鷹是適合梭巡於林冠上層的小型鷹類，在錯綜複雜的密林間近身肉搏，遊獵有餘。

當鳳頭蒼鷹接近林冠之時，牠是一位噤聲閉氣的戰士，嚴格遵守氣流的律動，甚至風聲皆大過於牠的飛行。不過我的聽覺遠遠落後給機警的鳥群，總是要等到活躍的鳥群突然自枝頭上瞬間消失，我才猛然驚覺鳳頭蒼鷹正悄悄掃過林梢，滑入密林之間。鳥兒們躲避這隻無聲猛禽的方法是快速向下直飛，遁入森林底層的灌叢中。鳳頭蒼鷹似乎只肯待在林冠層高傲地遊獵，即使穿梭在重重阻隔、峰迴路轉的樹海之間，牠仍維持優美的滑翔姿態。短暫的拍翅，然後較長的滑行、拍翅、滑行。這使牠成為林冠間善於御風的王者，氣度雍容，不屑於跳躍穿梭。那些擅於在枝頭攀爬的赤腹松鼠和蜥蜴，老是敗在牠無聲的飛行之下。

沿著一條忽隱忽現的羊腸小徑，無意中闖進了無路可走的密林。因為無路可走，使我不得不全力以赴地注意起周邊的地形和景物；路讓人安心，注意力鬆散，再怎麼想專心，都會花一部分時間在趕路上；路帶領著你的意志，使你不知不覺對周邊的景物習以為常；當我失去了前人所走出來的路，我開始對周遭的森林重新摸索，前人的路非得指引我，我也不必要再自己走出一條路；這種開闢新路的心態已在柴山造成四通八達、錯綜複雜的禍害。我只是感謝有機會面對沒有通路的密林，重新監視我對這片森林的認知。我沿著密林中堆滿落葉的山溝前進，隨時提醒自己若走深了，要回頭。山溝可不會順著你的意蜿蜒至有人行走的小徑。山溝完全屬於這座森林的原來居民，彷彿與外頭偏離的

主幹道毫不相干，這裡茂密而安靜，不需要有「路」，小路是人類活動的場所，從這裡感覺外面的小徑，好像森林存在著兩個完全不同的世界；我有幸跳脫出我原來習以為常的角色，看見小徑上的人那麼吵鬧。

這片森林非常茂密，林下的土質鬆軟，一踩便陷；腐植層在這裡生成的年代非常久遠了，所幸人類所能做的干擾到目前為止只是線狀的小徑入侵，和點狀的休息區開闢，其他一切還算安好，只有內行的採藥者來過的痕跡。我不時踩碎半腐的木頭和嶄新的落葉，腳底前隨時有冒出的新芽和小樹苗逼迫我移開方向；我亦步亦趨，小心謹慎，避開新生命的萌發和橫阻的腐朽老樹，也隨時得撥走垂落得過於茂盛的枝葉。棕櫚科的巨大山棕透露著更多的熱帶氣息，四處與蔓伸纏繞的爬藤植物合作，將森林底層包裹得密不透光。光是這一帶的爬藤，我所認識的便有盤龍木、菊花木、華他卡藤、腺果藤、華茜草藤、三角葉西番蓮與風藤、串鼻龍與海金沙；蘿摩科華他卡藤帶著細毛的種子常常在林下漫天飛舞，總是一身輕盈的小毛球孤獨地被風推著，自我眼前緩緩飄過。它們的旅行方式很有分寸，和我們常見的昭和草綿絮種子不一樣。昭和草的綿球花只要被風一吹，大量的綿絮種子便乘著風出發，如同空降部隊集結跳傘，在天空中開出壯盛雲集的傘花，蘿摩科的毛絮種子是個人主義的典型，一粒接著一粒被風推著脫離構造奇特的蓇葖果，這種功能似莢果的開口位置彷彿如小飛機的狹窄機腹，一次僅容一位跳傘，一陣風僅容推走一粒毛絮種子。我們可以推測這樣的傳播飛行在空間擁擠的密林裡是一種演化適應；稀有而獨特的蘿摩科植物必須小心謹慎送走它每一位小孩，讓每粒毛絮種子皆有充裕機會在擁擠的森林裡降落，而不致為了爭取不足的空間而互相排擠。昭和草是屬於草原和田野的植物，為著應付農人的墾除必須大量傳播，田野的陽光和空間反而不虞匱乏。而華他卡藤必須面對的剛好相反；因此這片林子的底層四處是獨立的華他卡藤幼苗。我看見華它卡藤的小苗纏繞在中喬木粗糠柴的幼株上，稚嫩的三角葉西番蓮幼盤纏在華他卡藤幼苗上，三者皆努力在這處陽光不足的地面向上生長，彼此競爭。華他卡藤的幼苗互相擁擠纏繞的情況很少發現。

愈走愈深，原來山溝蜿蜒曲折，時而偏離主幹道，時而靠近，我安心了，提醒自己靜坐在斜坡上觀察冥想，像一隻藏於密林中的山羌觀察葉叢外的世界。靜坐立即使我在森林中的位置改變，我不再是個顯著移動而被其他生物警覺的目標，我嘗試融入密林之中，隱身於僻靜一角。要是我忍受蚊子叮咬的功夫了得，說不定小彎嘴畫眉會飛至我頭上，或在我眼前嬉戲。這種經驗我時常在柴山碰見。只要我選擇一處人為干擾較少的地點休息，靜靜端坐不動，成群的野鳥馬上出現在眼前的林葉間嬉戲，甚至落到地面來距離我不到一公尺。基本上，我是個安靜的生物，不吵鬧不顯眼，鳥兒們久而久之會習慣我安靜存在的事實；若是有一組吵鬧的隊伍經過，鳥群立刻逃遁飛離，消失無蹤。來到森林之中，請謹記自己是外來入侵的干擾者，假如想要受到豐美的邀迎，切勿反客為主，否則將會遇見冷清的對待。

四月，雨水陸陸續續地落在乾燥的地面上，逐漸濕潤了森林裡的泥土。那些泥土乾渴了整個冬季，二、三月的短暫陣雨仍然無法有效濕潤即將風化成沙的泥土，直到持續一週的降雨來臨，那些乾而慘白的硬泥，才漸漸飽吸水分，轉成黑褐色的軟泥；五月，一場更大而持久的豪雨，讓柴山水氣飽滿，容光煥發，群樹猛茂生長，連山溝裡平時難得一見的陸蟹群皆現身了，共有八隻，毫無顧忌地浸身餘小水窪中嬉戲。平日我經過那處獨木橋下的山溝時，都會習慣探望一下山溝中的陸蟹洞口，這裡有一隊隱密的陸蟹族群，在乾旱缺水的時節掘洞藏於地底下，洞穴的數目不少；守望了一個冬季及春季，洞口毫無動靜，真為牠們能夠依靠地下滲水在地底下待那麼久而讚嘆；下了一場足夠的大雨，洞口皆積滿雨水之後，牠們便現身了。

（後略。本文節錄自王家祥《四季的聲音》，晨星出版，1997）

林中動物

圖畫書俱樂部成員

黃郁欽
《我家在這裡》
玉山社

陶樂蒂
《我要勇敢》
小光點

阿力金吉兒
《有時候》
小魯文化

黃郁欽

陶樂蒂

阿力金吉兒

陳玉菁

吳佩蓁

陳和凱

黃純玲

李赫(文)、吳佩蓁(圖)
《小美的食物銀行》
狗狗

陳和凱
《恐龍先生上班去》
維京國際

劉旭恭
《車票去哪裡了？》
小天下

羅安琍
《100個在旅行中繪畫的技巧》
太雅出版社

吉村竹彥
《もりをぬけて》
鈴木出版株式會社

伍幼琴
《咿咿呀呀的聖誕節》
使徒出版社

羅安琍

吉村竹彥

伍幼琴

黃文玉

林春華

呂淑恂

鄭淑芬

黃郁欽、陶樂蒂
《給你咬一口》
親子天下

劉旭恭
《你看看你，把這裡弄得這麼亂！》
水滴文化

黃郁欽
《我不要跟你玩了！》
小魯文化

catch 231

大野狼。繪本誌：森林繪本

Les méchants loups

作者／圖畫書俱樂部

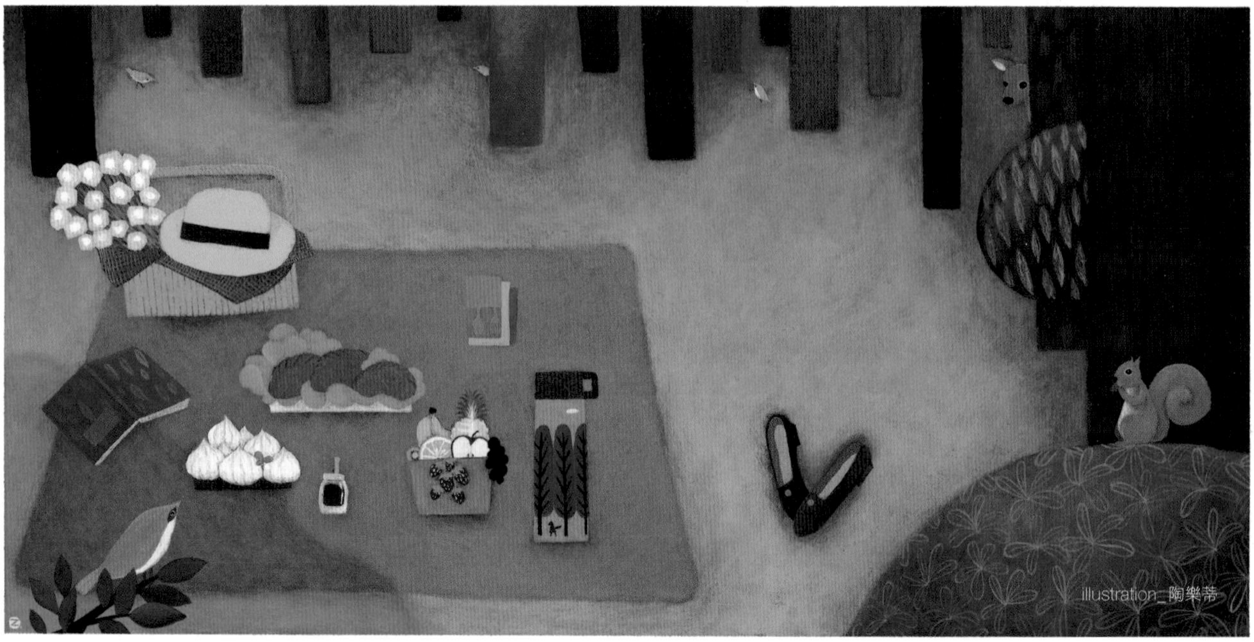

企畫製作 圖畫書俱樂部
主編 MaoPoPo
編輯小組 黃郁欽、陶樂蒂
設計 Piecefive
攝影 張震洲、Piecefive
編校 Frances
資料校對 方芝喬、陶樂蒂
校對 黃素芬

出版者 大塊文化出版股份有限公司
台北市 105 南京東路四段 25 號 11 樓
www.locuspublishing.com
電子信箱 locus@locuspublishing.com
服務專線 0800 006 689
電話 （02）8712-3898
傳真 （02）8712-3897
郵撥帳號 1895 5675
戶名 大塊文化出版股份有限公司
法律顧問 董安丹律師、顧慕堯律師

總經銷 大和書報圖書股份有限公司
地址 新北市新莊區五工五路 2 號
TEL (02)8990-2588(代表號)
FAX (02)2290-1658
製版 瑞豐實業股份有限公司

初版一刷 2017 年 6 月
定價 新台幣 400 元
ISBN 978-986-213-799-4
Printed in Taiwan

書籍提供／汪仁雅、林幸萩、海狗房東、貓頭鷹圖書館、陳正豐、陶樂蒂、張君瑜、毛怪和朋友們藝術童書工作室、顏銘新、MaoPoPo；小天下、小魯文化、水滴文化、米奇巴克、青林、信誼基金出版社、格林文化、遠流、親子天下、積木文化
特別感謝／Frances、方芝喬、涂文貞、張淑瓊
（以上按姓名筆畫順序）

國家圖書館出版品預行編目（CIP）資料

大野狼。繪本誌：森林繪本 / 圖畫書俱樂部作
-- 初版 .-- 臺北市：大塊文化，2017.06
136 面；21x28.5 公分 . --（catch；231）
ISBN 978-986-213-799-4（平裝）
1. 作家 2. 訪談 3. 繪本
783.324 106007126